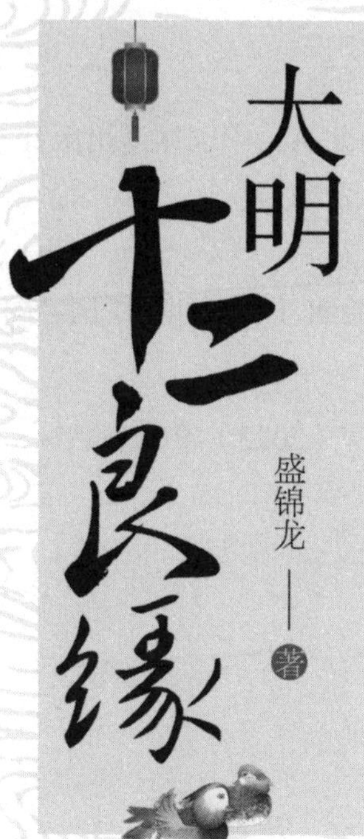

大明十二良缘

盛锦龙 —— 著

中国铁道出版社有限公司
CHINA RAILWAY PUBLISHING HOUSE CO., LTD.

图书在版编目（CIP）数据

大明十二良缘 / 盛锦龙著.—北京：中国铁道出版社有限公司, 2023.8

ISBN 978-7-113-30244-3

Ⅰ.①大… Ⅱ.①盛… Ⅲ.①婚姻-风俗习惯-中国-明代 Ⅳ.①K892.22

中国国家版本馆CIP数据核字（2023）第085935号

书　　名：大明十二良缘
DA MING SHIER LIANGYUAN
作　　者：盛锦龙

责任编辑：冯彩茹　　编辑部电话：（010）51873005
封面设计：闰江文化
责任校对：刘　畅
责任印制：赵星辰

出版发行：中国铁道出版社有限公司（100054，北京市西城区右安门西街8号）
网　　址：http://www.tdpress.com
印　　刷：北京联兴盛业印刷股份有限公司
版　　次：2023年8月第1版　2023年8月第1次印刷
开　　本：710 mm × 1 000 mm 1/16　印张：12　字数：145千
书　　号：ISBN 978-7-113-30244-3
定　　价：58.00元

序

尘世间，人与人能够萍水相逢是机缘，男和女能够喜结连理是正缘，夫妻情能够至死不渝是良缘。

古人云："良缘夙缔，佳偶天成。"倘若把它作为一句祝福新人的话语，自然无可厚非，但若把它视为"金玉良缘"的宿命论，笔者不敢苟同。这世上没有量身定做的绝对完美的意中人，因为每个人都有他（她）自身的特质，每个人都有不完美的一面，只要夫妻三观相符、身心契合、彼此包容、相互成就，惜惜相守、风雨同舟，那么便称得上是良缘。

天赐良缘是一种福祉，信守爱情是一生誓言。美满的姻缘大都比较相似，只是演绎的故事各有不同罢了。若问最重要的相似点在哪里，也许都是用行动来信守爱情。无论什么年代，都不要质疑"爱情是婚姻幸福的基础"。

笔者认为，从历史中发掘良缘的故事，探寻爱情的本质，是一件很有意思的事情。即使是喜欢各种戏说、穿越等古装影视剧作品的现代人，也会有同感，希望通过可信度高的史料来了解古人真实的爱情观、婚姻观和人生观。出于兴趣，笔者斗胆对此进行一点小小的探索与尝试。本书之所以选择明朝，是因为在浩瀚的中华五千年历史长河中，明朝距今相对而言并不太遥远，古籍史料留存相对较多，容易贴近历史本来面貌。当然，信息真伪的鉴别不仅需要具备一定专业的知识储备，也需要付出大量的时间与精力。在收集和整理相关素材结束之后，笔者心中也不免留下两大遗憾：一是史料往往详细记载帝王将相、王孙贵胄、才子精英的高光时刻，而忽略了稗官小吏、平民百姓、江湖儿女的动人故事；二是重男轻女封建思想作祟，关于女性成长经历及所作贡献的记载颇少，只能通过细微的历史碎片和他人的评述来拼凑或推理出历史人物相对真实的一面。

笔者思前想后，考虑万千，最终聚焦于十二对明朝名人伉俪，以史料为依据，以爱情为主线，尽可能全地讲述每对夫妻共同成长的过程，尽可能多地选取他们信守爱情的片段，尽可能大地凸显他们对国家和社会的贡献，因此，此书也是想表达对古代具有家国情怀的佳偶的一种致敬！

同样，如果有人喜欢此书，也是与笔者有缘，将是笔者今后写作的莫大动力。

不再赘言，是为序。

盛锦龙

2023 年 4 月

目　录

最执着的爱情是生死守护

上邪，
我欲与君相知，
长命无绝衰。
山无陵，
江水为竭。
冬雷震震，
夏雨雪。
天地合，
乃敢与君绝。

汉乐府有一首非常著名的民歌《上邪》："上邪，我欲与君相知，长命无绝衰。山无陵，江水为竭，冬雷阵阵，夏雨雪，天地合，乃敢与君绝。"作者以五种不可能出现的自然现象，来比喻一种不可能的离散，借此发出心中振聋发聩的爱情誓言。相爱容易相守难，要做到"长命无绝衰"，需要经历岁月洗礼。誓言再美，如果没有实际行动，那只是妄言罢了。任何唯美的爱情誓言都抵不过大难临头时不顾个人安危选择守护在爱人身旁的暖心举动。

这样的故事不仅出现在爱情小说里，也出现在史籍志书中。朱元璋与马秀英正是这样一对在危难关头能够毫不犹豫舍命搭救对方的帝王夫妻。

从元世祖忽必烈建国号起，时间不足百年，却历经十几位皇帝。元朝在皇位承袭上长期混乱，皇权在不同部落之间你争我夺，频繁更迭，最终灭亡。

元至顺四年（公元 1333 年）六月初八，十三岁的元惠宗妥懽帖睦尔在大都（今北京）继位。他在龙椅上一坐就是三十六年，成为元朝历史上在位时间最长的皇帝。看似这是元惠宗的福报，然而不幸的是他接手的帝国早已病入膏肓，由于连年战争，横征暴敛，皇权相争，内耗不断，加上采取歧视政策，社会经济出现了严重衰退。尽管元惠宗多次更改年号，推行了新政，采取了一些改革措施，但改革触及不到根本，土地依然大量流入上层贵族手中，越来越多的农民因为失去土地而沦为农奴。随着新政的失败，元惠宗开始倦怠朝政、沉湎享乐，更夸张的是，元惠宗居然把很多心思花在他钟爱的木工设计上。据《元史》记载，元顺帝（即元惠宗）曾设计制造过龙船和宫漏（一种计时器），均取得成功，被后人称为“鲁班天子”。到了元惠宗统治末年，由于朝廷滥发纸币支持战争，通货膨胀愈演愈烈，叠加黄河决堤、瘟疫横行、官吏腐败、苛税重赋等天灾人祸，百姓被逼得实在走投无路，不得不纷纷揭竿而起。元末农民起义军规模最大、历时最久的当属红巾军。在南北红巾军实际领袖徐寿辉、刘福通的率领下沉重打击了元朝在全国各地的腐朽统治，极大损耗了元朝的有生力量。

当时，黄河流域出现严重泛滥，导致处在黄河下游的地区粮食减产，一时间，流民四起，暴乱不止。乘着北方元军围剿刘福通和南方元军围剿徐寿辉之际，元至正十二年（公元 1352 年）春，定远富商郭子兴倾其家财，广结义士，集结数千人轻松攻占位于黄泛区的濠州城（今安徽凤阳以东），他自愿接受红巾军的领导，并迅速成为江淮地区的红巾军领袖。

可惜，郭子兴没高兴多久，麻烦事情就接踵而至。首先，元军在打败徐寿辉后，对濠州城进行了包围。其次，小小的濠州城里的义军元帅竟有五人，起初其他几位元帅对郭子兴还算敬重，凡事都征求郭子兴的意见，但时间久了，各个首领都只为自己的利益着想，遇到重大问题，都纷纷自作主张起来，不把郭子兴的话当回事。

郭子兴嗅到了危机，觉得当务之急是快速吸纳人才，有了能够冲锋陷阵又对自己忠心耿耿的部将，自己的队伍才能真正壮大。可这样的人才到哪里去找？正发愁之际，千户汤和带着一位小伙前来投靠。郭子兴因为继承了祖传相术之道，善于通过面相识人。此时，他越瞅面前这个小伙越觉得他长相奇特、气质脱俗。听这个年轻人讲话掷地有声、铿锵有力，尽管话语不多，但总能切中要害，断定此人绝非等闲之辈。为了更好地考察和培养他，当即让他担任自己的“警卫员”。很快，此人的勇敢与机智在战场上得到淋漓尽致的发挥，为郭子兴屡建奇功，官职也迅速提升，成为郭子兴的左膀右臂。其他几位元帅见郭子兴添此猛将，也对郭子兴恢复了往日的恭敬。

郭子兴有两个姓张的夫人，大张夫人为郭子兴生了三个儿子；小张夫人平日更得郭子兴宠爱，可惜不能生育，身边留有一个养女一直伴随左右。一日，小张夫人正好看到这个小伙来府上找丈夫商议军中大事，待事毕小伙起身告退之后，小张夫人指着他离去的背影，两眼放光地对丈夫说：“这可是一个奇人呐！何不将咱闺女嫁于此人？这样，咱女儿不仅有了终身依靠，而且夫君你更是如虎添翼啊！”郭子兴笑得连连点头，夸赞夫人深谋远虑，于是很快把纳婿的想法告诉了这个小伙。小伙感激涕零，当即跪地叩谢，郭子兴急忙搀起这位未来的女婿，命人尽快置办婚事。

待到良辰吉日，郭子兴为新人大摆筵席，邀请城内义军主要头目赴宴喝酒，郭子兴大帅府足足闹腾了一天，义军众兄弟觥筹交错，把酒言欢，直至深夜，众人才一一离席散去。送走宾客后，新郎微带醉意迈入洞房，新娘早已端坐床边等待多时。新郎揭开新娘红盖头的那一刻，姑娘并没有显出娇滴含羞之色，而是大大方方、目光平和地望着新郎。两人目光对视了一阵后，新郎率先开口道：“妹子！你瞅得俺心里发毛。你不会嫌我长得丑吧?”新娘抿嘴笑答：“不嫌不嫌！你也别嫌我的脚大。”说完，故意把一只脚暴露在新郎面前。新郎坏笑道：“脚大好呀！俗话说‘嘴大吃猪羊，脚大走四方’。女人脚大是福！就是有点费鞋。”新娘故作生气地嗔笑，攥起拳头微微捶了两下新郎的肩膀。两人嘻嘻哈哈中，一下子拉近了心灵上的距离。

新郎对新娘坦露身世：他是濠州钟离人，天历元年（公元 1328 年）

九月十八日出生，父亲姓朱，在家族兄弟中排名第八，故名朱重八。十五岁时，父亲、母亲先后饿死，活着的亲人也都背井离乡，离他远去。“为了活命，给人放过牛、做过和尚，还要过饭，遭人冷眼，卑微度日，是好友汤和给我指了投奔郭元帅这一明路，承蒙大帅错爱，重八这才活出了点人样。自从加入义军队伍，我也改了名字，叫朱元璋，意思就是诛灭元朝的一把锋利的璋玉，表明俺‘元朝不灭，誓不为人’的决心。妹子，你看俺这名字是不是特别响亮？”

新娘点头称是，心里不禁对眼前这个身世凄惨却志向高远的男人产生由衷的钦佩。虽然，她从小跟随养父郭子兴和养母小张夫人长大，对养父十分敬仰，但平心而论，养父的心胸和志向远不及这个刚认识不久的男人。新娘也将自己的身世告诉新郎：她名叫马秀英，元至顺三年（公元 1332 年）八月初九出生在宿州闵子乡新丰里前旺庄，母亲生下她不久便去世了。父亲是当地的一个地主，她早年跟着父亲识过文断过字。后来家道衰落，父亲忙于生计，耽误了她缠足的时机。后因父亲摊上人命官司，就将她托付给好友郭子兴照料，想等以后风平浪静时再来接她。未承想，父亲因病客死异乡。郭子兴和小张夫人视其可怜，就将她收为养女。身世凄苦的二人越聊越投机，彼此间产生了信任和爱意。那年的朱元璋，二十五岁；那年的马秀英，二十一岁。

在朱元璋的亲自指挥下，濠州城外的元军败退而走。紧接着，朱元璋马不停蹄地开展募兵工作。朱元璋募兵能力非常强，他每到一地，总会有不少青壮年自愿加入义军队伍。可以说，郭子兴真的是捡到了一个天大的宝藏！可是，随着朱元璋在义军中的威望不断上升，遭到了郭子兴儿子们的忌恨。他们不断在郭子兴面前煽风点火，说朱元璋部下如何不把父帅放在眼里，只听朱元璋一人号令，等等。心胸狭窄的郭子兴越听越觉得这个女婿早晚是个祸害，每次端详朱元璋的面相，总觉得他有一种帝王之相，生怕哪一天他会对自己产生异心，自己的帅位也被他取而代之。郭子兴越想越坐立难安，于是就有了铲除之心，隔三岔五地指责女婿办事不力，故意处处打压他。翁婿的貌合神离，让一旁的马秀英产生了不祥的预感。于是马秀英设法从中调解，尽力维系一家人行将破裂的关系。郭子兴一时也找不到除掉朱元璋的正当理由，只能随便找个罪名将朱元璋软禁起来。郭子兴的儿子们心生歹念，欲除之而后快，吩咐守兵不准给朱元璋送饭，想把朱元璋活活饿死。幸好被马秀英及时察觉，为了救朱元璋，她把刚烙好的炊饼揣入怀中，在探望朱元璋时偷偷递给他吃，尽管胸口每次都被烫伤，但还是坚持送。这就是马皇后焦胸偷饼的故事。《明史・后妃列传》记载："初，后从帝军中，值岁大歉，帝又为郭氏所疑，尝乏食。后窃炊饼，怀以进，肉为焦。"为什么选择刚出锅的炊饼？因为炊饼热的时候才好吃，看到丈夫处境艰难，她想让丈夫吃到一口热乎乎的炊饼。从这件事，可见马秀英对丈夫情深义重。

马秀英知道目前还不是劝说养父释放丈夫的最佳时机，于是她选择隐忍，平日里依旧该给养父母请安时请安，该忙家务时忙家务，让郭子兴夫妇认为养女心里始终向着他们。另一方面，她偷偷安抚与朱元璋出生入死的那些兄弟的情绪，告诉他们自己会找准时机想方设法让养父回心转意释放朱元璋，请他们不要一时冲动离开部队，更不要组织破狱营救。

很快，机会就来了！

濠州城聚集着各方人马，其他首领与郭子兴一直面和心不合。郭子兴知道濠州城并非久留之地，他思来想去，觉得到老家定远发展才是上上策。但由于定远城被元军重兵把守，周边又有地主私人武装力量守卫，郭子兴不敢轻举妄动。马秀英得知后，就劝说小张夫人给

郭子兴吹枕边风，让朱元璋戴罪立功，带走少量弟兄去定远自谋发展。若朱元璋没拿下定远则是罪加一等，到时任凭大帅处置；若拿下定远则能了却大帅心上的一桩大事，就不必留在濠州继续受窝囊气，何乐而不为？果然，郭子兴被说动，立即差人释放朱元璋，并邀女婿和养女晚上来府中一聚，翁婿二人开怀畅饮，冰释前嫌。推杯换盏之间，郭子兴试探朱元璋打算带多少人马离开濠州，朱元璋的回答让郭子兴喜出望外："二十四人。"郭子兴当即同意，连连夸赞女婿胆识过人，必定马到成功。离开濠州之后，在徐达、汤和等众兄弟的帮助下，朱元璋先是招抚了张家堡驴牌寨三千人马，又招降豁鼻山秦把头的八百人，最后用计谋打败元军，顺利攻下定远城。战后，四方义士纷纷前来投奔，队伍迅速壮大，兵力达到三万，还引得日后被朱元璋称作明朝开国第一功臣的李善长前来投奔。仅仅过了两个月，朱元璋乘胜追击，又顺利拿下"南京江北门户"滁州。朱元璋俨然成了一方豪雄！

正当朱元璋打算处理完军中事务就去濠州向郭子兴复命时，濠州城内郭子兴的处境已到了十分危难的关头。怎么回事？当初朱元璋离开濠州向定远进发时，郭子兴已被其他几个元帅孤立起来。他们以为朱元璋就带这么丁点人绝无半点胜算，没有必要再忌惮郭子兴了。正巧，从徐州败退下来的一支义军在濠州形成了新的势力，郭子兴又没有处理好与新势力的关系，一场谋害他的阴谋悄然酝酿。好在此时，朱元璋在定远和滁州混得风生水起，手里的三万精兵令各方势力不敢小觑，所以，谋害郭子兴的计划迟迟没有达成统一。最终消息走漏，郭子兴带着家眷和自己的部队逃离濠州，直奔滁州而来。

朱元璋也得知了濠州城内的情况，马上派人联络濠州城中的眼线，令其想尽一切办法保护马秀英。同时，派出一支人马火速赶赴濠州，自己则加紧集结大军准备随后杀到。好在派去的先头部队在途中正好

撞上前来投奔的郭子兴部队。这段时间，朱元璋一直愁眉不展，为妻子的安危心神不宁，直到马秀英安然无恙地出现在面前，朱元璋悬着的心才算放下。不等夫人落座，就紧紧拉着她的手说："妹子，可把我担心坏了！往后你哪儿都不许去，就在我身边协助处理公文。"马秀英瞪着眼睛说："呦，朱重八，你长能耐了！刚一见面就给我布置任务来啦！"朱元璋顿时赔笑道："我这边实在找不到更合适的人，妹子你心细，有文化，你不帮我谁帮我？"夫妻相互打趣一阵之后，马秀英欣然答应朱元璋的提议，挑起了机要文书的担子。

朱元璋念及岳父郭子兴是自己创业路上的领路人，有知遇之恩，所以，并没有对岳父耿耿于怀。尽管部下竭力反对，朱元璋依然把滁州地盘拱手让给郭子兴，并表示继续听命于郭子兴，自己带领人马去和州（如今的和县一带，隶属于安徽马鞍山市）发展。最终，朱元璋仅以一万余人兵力击败元朝十万大军，成功占领和州，在皖南站稳了脚跟。和州与集庆路城（南京在元朝时的名称叫集庆路）仅一江之隔，千年古都正向朱元璋翘首以盼。南京，这座封王称帝的肇基之地是历代枭雄垂涎三尺的地方，此时，对雄心万丈的朱元璋而言，万事俱备只欠东风。

到了元至正十五年（公元 1355 年）二月，红巾军首领刘福通拥立韩林儿为帝，称韩林儿为小明王，建国号"宋"。韩林儿的父亲韩山童在颍州（隶属于今安徽省阜阳市）率先扯起了反元旗帜。可惜，韩山童战败被俘后遭到杀害。这年三月，郭子兴患病去世。由于郭子兴的红巾军名义上奉韩林儿为领袖，故韩林儿称帝后，小明王也要给予郭子兴后人封一定的官职。郭子兴次子郭天叙被封为都元帅（郭子兴长子之前战死），小舅子张天祐被封为左副帅，女婿朱元璋被封为右副帅，三子郭天爵被小明王册封为中书右丞。

六月，朱元璋攻克长江南岸的太平城（今安徽太平）。当时，义军将士的家属尚在长江北岸的滁州，马秀英提醒朱元璋迅速把将士家眷从滁州接到太平，以防止元军突然杀到后拿将士家眷作为威胁。幸亏朱元璋采纳了这一建议，使得元军赶到滁州时扑了一个空，全军上下从此特别感激和敬重马秀英。

次年（公元 1356 年），在和朱元璋一起攻打集庆路时，郭天叙和张天祐被元军所杀，而朱元璋于三月顺利拿下集庆路，并改集庆路为应天府，农历七月初一，自称吴国公（被韩林儿正式册封吴国公是在五年之后）。从此，应天府成为朱元璋日后争雄天下的大本营。不识时务的郭天爵嫌官位低，妄图除掉朱元璋取而代之，最终事情败露，于 1357 年被朱元璋处死。

在集庆之战前，马秀英主要执掌机要，朱元璋的笔记、书札都由她保管，朱元璋一旦要看，随时递送，从不误事。她还要替丈夫起草文书，拟定军令，把日常文书事务处理得井井有条，为朱元璋安心作战指挥作出重要贡献。在集庆之战后，朱元璋根基稳固，势力不断壮大，马秀英更多的是承担家庭重任，尤其是生下朱标、朱樉后，抚育孩子牵扯其很多精力。即使这样，朱元璋仍然经常与马秀英商讨军务，耐心听取妻子的建议。

随着队伍不断占领大城市，尤其是不断进入江南繁华之地，朱元璋越来越担心老百姓把他的部队当成流寇，因此尤为注重军纪和军容。马秀英曾多次告诫朱元璋："定天下以不杀人为本。"朱元璋非常赞同，下令从严治军，绝不允许手下将士有坑害或欺负老百姓的行为发生，渐渐地赢得了老百姓的信任，他所领导的起义军被公认是元末起义军中纪律最严明的部队。要想让老百姓不把军队当成流寇，除保持军容严整，着装规范统一也很重要。朱元璋规定将士战袄、战裙及战旗一律用红色，头戴阔檐红皮壮帽。此事交给马秀英，是最让朱元璋放心的。马秀英不但动员后方力量加紧赶制统一的军服，她还抽空为将士缝衣做鞋、浣洗军衣。部队统一着装之后，军容军貌焕然一新，军威随之大振。

此时，南方红巾军在干什么？早在元至正十一年（公元 1351 年）十月，徐寿辉于蕲水（今湖北浠水）称帝，国号“天完”。五年后（公元 1356 年），天完迁都汉阳。此时，徐寿辉本人实权已被架空，兵权掌握在大将军倪文俊之手。第二年九月，渔民出身的沔阳人（今湖北仙桃）陈友谅以谋害天完皇帝的罪名杀了倪文俊，执掌军中大权。至正十九年（公元 1359 年）末，陈友谅劫持徐寿辉，移都江州（今江西九江），自称汉王。次年闰五月，野心勃勃的陈友谅干脆杀了徐寿辉，自立为帝，国号大汉，年号大义。朱元璋也迎来了争霸天下之路上最大的劲敌。

我们略去双方激烈交锋的场面，只表在这个过程中发生的马秀英救夫的故事，这可比之前焦胸偷饼的故事紧张刺激得多，有典故可作为佐证。

故事记录在《明书·懿文皇太子纪》中，大致意思是：某次，朱元璋在战场上被陈友谅部队追击，身负重伤，性命攸关之际，马秀英情急之下背着丈夫夺路而逃。后来，太子朱标曾为此绘有画像，揣于怀中，以供随时瞻仰。

常言道：夫妻本是同林鸟，大难临头各自飞。马秀英再一次用行动告诉朱元璋：“无论遇到什么危险，我都会舍命守护着你！”背着重伤的丈夫，马秀英凭着求生本能一路狂奔，最后竟成功把丈夫救了！听起来特别玄乎。按理说，朱元璋身边不可能连一个护卫都没有，最能解释得通的理由是，护卫们舍命掩护他们撤离，朱元璋伤势较重已不能行走，马秀英背着丈夫逃命是最佳的选择。如果光靠马秀英的脚力是很难逃过此劫的，估计有两种可能：一是敌军没意识到朱元璋竟然夹杂在逃窜的人群队伍中，以为只是残兵或逃难的百姓，而马秀英着女装更像是逃难之人；二是马秀英天资聪明机智，应该不会漫无目的地乱跑，而是往便于藏身的角落逃去。我认为两者兼而有之。朱元璋脱离险境后，身子十分虚弱，马秀英亲自予以照料，不断开导丈夫要振作精神，不要被眼前的困难所压倒，她微笑而坚定的神情，令朱元璋刻骨铭心，永生难忘。不久，朱元璋伤势痊愈，重新披挂上阵。

尽管朱元璋安然无恙回归军营，但是战局对他非常不利。陈友谅是有备而来，几乎是全军出动直奔朱元璋所在的应天府方向而来，就连平日里淡定从容的刘伯温、李善长、徐达、常遇春等人都变得眉头紧锁、忧心忡忡。此时，斗志往往决定着胜负的天平向何方倾斜。马秀英没有对将士们发表什么感天动地的话语，而是散尽自己所有金帛，用来犒劳他们，很多将士感动得落泪，纷纷给家里写下遗书，以示誓死忠于朱元璋，极大点燃了三军将士的战斗热情。

最终，在元至正二十三年（公元 1363 年），经过三十七天的鏖战，陈友谅折戟于鄱阳湖大战之中，身中流矢而亡。据说，陈友谅死不甘心，至死都瞧不起讨饭出身的朱元璋。其实是陈友谅太高估自己，他没有朱元璋的王者气度，招揽不到徐达、常遇春这样的旷世名将，也吸引不到刘伯温、李善长这样的顶级智囊，更没有识大体、有魄力、让将士们折服的夫人马秀英的相助。

消灭了陈友谅后，朱元璋成为群雄中兵力最多、占地最广的武装力量，论实力足可称帝。不过，要称帝还需消除两大障碍：第一个障碍是如何安排小明王和刘福通。名义上，小明王与朱元璋还是君臣关系。但天无二日，民无二主，有明史记载，元至正二十六年（公元 1366 年）农历十二月，在小明王和刘福通坐船从滁州前往应天府的路上，途经瓜洲时（今江苏扬州南），朱元璋派手下心腹水军将领廖永忠将船凿沉，小明王与刘福通溺水而亡。朱元璋怒斥廖永忠胡乱揣测朱元璋的意思，是擅作主张造成了悲剧的发生。后来，廖永忠因此没有被封为公爵，而只是封为侯爵。廖永忠最终结局是被朱元璋以“僭用龙凤”的罪名赐死。僭用龙凤是什么意思呢？就是说廖永忠穿了刺有龙凤图案的衣服，有僭越之嫌。就这样，德庆侯廖永忠成了明朝开国元勋六公二十八侯中第一个遭殃的人。另一个障碍是江浙地区的义军领袖张士诚。当时，张士诚在平江（今江苏苏州）建立政权，自称吴王，继陈友谅之后，对朱元璋构成新的威胁。白手起家的朱元璋绝不轻视任何一个对手。就在解决掉小明王和刘福通的前一个月，朱元璋手下第一猛将徐达率领二十万大军攻打平江。经过八个月的围攻，于第二年攻破平江城，张士诚被俘，朱元璋逼其自缢而亡。至此，朱元璋称帝道路上的所有阻碍均已扫除。

1368 年 1 月 23 日，正逢农历正月初四，乃我国民间迎神的大吉之日，四十岁的朱元璋在文武百官的欢呼声中，于应天（南京）钟山脚下祭天后正式登基称帝，国号大明，建元洪武，同时，册封马秀英为皇后，立嫡长子朱标为皇太子。朱元璋登基当天，当着百官之面，说了一番肺腑之言。他说：“家之良妻，犹国之良相，岂忍忘之。”可以想象当时的场面，朱元璋用洪亮的嗓音、激昂的语调讲述着马皇后的过往功德，时而用温情的目光投向这位和自己出生入死的妻子，而马皇后尽管极力保持母仪天下的威仪，但内心早已澎湃不已，她为身边这个身穿龙袍的男人感到无比骄傲，也为自己能成为这个男人的结发妻子感到由衷幸福。此刻，马秀英心中暗道：“我们再也不是当初那对寄人篱下、性命堪忧的苦命夫妻了，而是摇身一变，成为掌握天下苍生命运的一代帝王与皇后，丈夫身上的责任越发沉重。打江山容易守江山难，没关系，后面的日子，我们一起扛！”

朱元璋一直念着马秀英的恩情，认为自己亏欠糟糠之妻实在太多，现在马秀英当上皇后了，就该让她过上舒心快乐的日子。马皇后的至亲均已不在人世，朱元璋怕马秀英孤单寂寞，特意派人到马皇后的家乡找到她的远房亲戚，给他们加官晋爵，让马皇后日后能够有所依仗。朱元璋一生最恨拉帮结派，结党营私，但他不愿看到马皇后形单影只，不惜为之破例。这份厚爱，马皇后怎会体会不出？你为我考虑，我更要为你着想。马皇后拒绝了朱元璋为其找族人分封官爵的想法，说道："分封爵禄偏爱外戚之家，不合乎法度。”贵为皇后，如此明事理、不徇私，令皇帝欣慰，令百官折服，令苍生动容。

同年闰七月，明军攻克大都（今北京），元惠宗仓皇出逃，元朝的统治被推翻，漠北元朝残存政权被称为北元。又过了两年，元惠宗在应昌（今内蒙古克什克腾旗达里诺尔湖西岸）病逝。

天下安定后，马秀英继续做好皇后的本分，对待儿女们言传身教，以身作则，对待嫔妃们一视同仁，处事公允。对于朱元璋如何处置那些目无法纪、祸乱朝纲的功臣，马皇后并不干涉。但对于像刘伯温、汤和、宋濂等清正廉洁、秉公办事的功臣，倘若他们不小心触犯了龙颜，被生性多疑的朱元璋列入清除名单时，马皇后宁可顶着被气头上的朱元璋怒斥其“后宫干政”，也要据理力争，力保他们的性命。随着朱元璋越老猜忌心越重，马皇后也越发忧心忡忡，生怕他错杀贤臣良将，头上白发悄然增多，人也日渐憔悴。尽管吵架次数增多，但朱元璋从未往心里去，因为他知道马秀英所做的一切都是为了他好，都是为了大明江山社稷着想。

洪武十五年（公元 1382 年）八月起，马皇后染上重病，而且一天比一天严重，朱元璋心如刀绞，寝食难安。看着御医们整日愁眉不展的样子，朱元璋火冒三丈，对替皇后看病的御医们发怒道：“如果救不了皇后，你们一个个都别想活了！”吓得众御医连连跪地求饶。马皇后知道这个消息后，劝说朱元璋莫要为难御医，她心意已决，决定放弃治疗。马皇后深知朱元璋的脾气，言出必行，说一不二，她不愿因为自己而让无辜者受牵连。《马皇后遗传》记载，马秀英对朱元璋这样说：“生死有命，祷祀何益？世有良医，亦不能起死回生，倘服药不效，罪及医生，转增妾过。”随后留下遗言：“妾与陛下起布衣，赖陛下神圣，得为国母，志愿已足……只愿陛下求贤纳谏，有始有终，愿子孙个个贤能，臣民安居乐业，江山万年不朽。”洪武十五年八月丙戌日（公元 1382 年 9 月 17 日），马皇后去世，享年五十一岁。史书记载：“帝恸哭，遂不复立后。”朱元璋通过不再册立皇后的方式，以示对马秀英无比的敬重和怀念。

马皇后究竟生的是什么病，史籍没有明确说明，但有一种说法值得深究，认为马皇后是突染天花导致身亡。依据是她一手带大的嫡长孙、太子朱标的嫡长子朱雄英在 1382 年 6 月 12 日，也就是在马皇后死前的三个月突然抱病而亡。朱雄英死时，年仅八岁。一个八岁的健康孩子怎么会突然因病离开人世？于是有人推测是死于天花，天花在我国古代是一种极易传染且致死率很高的传染病，尤其容易在儿童中传播。马皇后心疼嫡长孙，亲自陪伴照料，也不幸染上天花。这样的推理，逻辑上是通的，可以想象疼爱有加的孙儿突然离开人世对祖母的打击有多大，即使马皇后未染上天花，此时也可能因操劳过度而心力交瘁。她累了，真的是太累太累了！如果马秀英真的染上了天花，以她的性格，是不会让朱元璋见她最后一面的，她知道，这个江山必须由他亲自守着才稳固。如果马皇后没有得天花，她会对这个相濡以沫的男人报以最后的微笑：就像新婚之夜，朱元璋掀起大红盖头时，她报以微笑；就像那年去探望被养父软禁中的丈夫，她报以微笑；就像那年照顾身负重伤被自己舍命背回来的丈夫，她报以微笑。

洪武二十五年（公元 1392 年）四月，太子朱标在巡视西安时因感染风寒病逝，年仅三十八岁。太子的去世，对于朱元璋来说，犹如晴天霹雳，打击巨大，一连二十八天没有上朝。他要认真思考大明江山由谁来接班，最后选定朱标次子年仅十六岁的朱允炆。立朱允炆为皇太孙的第二年，朱元璋担心朱允炆年纪太轻压不住阵脚，于是大杀功臣名将，以图为朱允炆日后执政扫清一切障碍，蓝玉、胡惟庸等集团先后被清洗。为防止诸王威胁中央，特别规定今后的皇帝在必要时可以下令“削藩”。

洪武三十一年闰五月初十日（公元 1398 年 6 月 24 日），大明王朝缔造者朱元璋于西宫卧榻上永远停止了呼吸，享年七十一岁。临终前，当朱元璋听闻天降大雨，南方大旱终于有望缓解时，心情大好。随后，晚年饱受眼疾困扰的朱元璋意识逐渐模糊，恍恍惚惚间他仿佛看到了一个熟悉的身影出现在不远处。是妹子！是妹子！真的是妹子！秀英依然是年轻时的容貌，身着那件她平时最爱穿的绢衣素裙，笑意盈盈地不断向他招手，唤他赶紧过去……

明太祖朱元璋与马皇后合葬于明孝陵，这是两人最后的浪漫约定。山川虽秀美，没汝又如何？了却身后事，与君共长眠。

山河破碎，断壁残垣，民不聊生，无家可依。苍天不为我做主，我为苍天开太平。经历生死之爱情，虽天地无情，亦为之动容；虽日月无心，亦为之同辉。纵使前路荆棘丛生，鬼魅频出，也要拔剑高歌，纵马同行。你是我活着的勇气，你是我冲锋的锐气，你是我获胜的底气。我熟悉你身上的每一处伤，你清楚我发丝因何苍苍。操尽心力为社稷，只愿黎民不受欺。龙袍翟衣虽华美，江山负重几人知？愿来生恰逢盛世，盼你我共续前缘。

爱情是一种能够创造奇迹的能量

你做主帅，我当军师；你做君王，我当谏臣。不在乎前路之凶险，只珍惜眼前之所爱；不在乎后人之评价，只叹息生命之短暂。我们曾经无数次谈论着奇迹，追逐着奇迹，缔造着奇迹，历经沧桑，回望来路，我只想对你说，我们的爱情才是令我最快乐不已、最值得拥有的奇迹。

欧洲文艺复兴时期对应中国的年代正是明朝。文艺复兴早期人文主义者开始关注人性，亘古不变的爱情在人性的照耀下，被列入他们探讨的视野之中。意大利文艺复兴先驱之一的薄伽丘曾说过这样一句爱情格言:“真正的爱情能够鼓舞人，唤醒其内心沉睡着的力量和潜藏着的才能。”

远在东亚大陆的大明王朝有一位身份高贵的藩王与他的王妃在极其险恶的逆境中正是依靠这种神奇的能量，披荆斩棘、甘苦与共，最终绝处逢生，开创不朽伟业的。

明太祖朱元璋为强化皇权，巩固统治，于洪武二年（公元 1369 年）主持编撰了一部明朝典籍——《祖训录》，书中对后世子孙提出训诫，定下分封宗室亲王之制。次年四月，正式确立了封藩制度，规定将自己的儿子们封为亲王，成年后分封到各地就藩，他们可以手握重兵，节制地方军政之权，百姓不能弹劾藩王，违者杀头，家眷流放。封藩的理由，他在诏书里写得很明白:“天下之大，必建藩屏，上卫国家，下安生民。今诸子既长，宜各有爵封，分镇诸国。朕非私其亲，乃遵古先哲王之制，为久安长治之计。”封藩一出，天下哗然。

在朱元璋看来，封藩可以让宗室亲王担负起守土之责，也能够防止拥兵自重的边疆守将威胁皇权，但历史告诉我们，一旦皇权孱弱，藩王势力同样可能借助手中兵权来威胁皇权，而且藩王是皇室血脉，倘若发生皇室内斗，更容易导致百姓对国家离心离德，从而加速国家分崩离析。尽管很多大臣内心非常反对，但谁都清楚这位当今圣上天威难测，杀伐果敢，因此没有一个人敢站出来讲话。然而，历史上总有敢忤逆龙鳞之人。洪武九年（公元 1376 年）闰九月初九，天象异常，据称“五星紊度，日月相刑”。在古代，这往往昭示皇帝有言行失当之处，上天予以警示。朱元璋下诏书，让群臣对自己提意见。山西平遥县训导叶伯巨写了一份万言书，把问题矛头直指分封宗藩制度，尽陈分封之弊端，虽然言辞恳切、论据分明，但自诩功高盖世的明太祖怎会让一个小小的七品官吏轻易撼动他制定的大计方略，于是对身边人怒吼道：“小子间吾骨肉，速逮来，吾手射之。”很快叶伯巨被押送京师刑部大牢，活活饿死在狱中。

朱元璋的底气来自有二十六个儿子，单正宫娘娘马皇后就为他生了五个儿子，根据《明史》记载，这五个皇子分别是长子懿文太子朱标、次子秦王朱樉、三子晋王朱棡、四子燕王朱棣、五子周王朱橚。太子朱标自幼在明太祖和马皇后全方位培养下逐渐成长为能力、才华、情商均出众的“完美”储君。他宅心仁厚，对兄弟姊妹颇为照顾，多次为袒护犯错的皇弟而主动揽责，朱元璋对此尤为满意。其他四位皇子也深得朱元璋疼爱，从他们的封地对大明王朝之重要性便可知晓皇帝对这几位皇子有多么器重：朱樉，就藩于西安，拱卫西北边疆；朱棡就藩于太原，朱棣就藩于北平，他们二人共同面对大明王朝最大的潜在之敌，也就是北方的残元势力；朱橚，最初的封地为富庶的杭州（后改为开封）。

这四个藩王中，朱元璋最为欣赏的是老四朱棣。朱棣从小就表现出聪明机智、活泼好动的天性，不仅熟知古代各种兵书战法，而且对攻伐谋略颇有几分见地。朱元璋从四皇子身上看到了自己的影子，认为他长大后可堪大任。于是朱棣 10 岁时便被封为燕王，成年之后，他远赴北平拱卫大明北疆。

由于北元势力经常骚扰北平周边地区，一直以来，驻军北平的部队只能由明朝开国第一名将、魏国公徐达坐镇指挥才能让身处应天皇宫中的朱元璋高枕无忧。然而岁月不饶人，魏国公不可能永远领兵打仗，未来的重担就得落在朱棣身上。怎样才能让朱棣顺利驾驭住跟随徐达多年的精兵悍将呢？朱元璋想出了一个最为简单有效的办法，就是与徐达结为儿女亲家，这样朱棣成为徐达的乘龙快婿，那么军队内部才不会出现裂痕。徐达长女名叫徐妙云，生于元至正二十二年四月初九（公元 1362 年 3 月 5 日），自幼天资聪明、贞洁娴静，敏而好学、尚文知进，据说有过目不忘的本领，小小年纪便博览史书，人称“女诸生”（也就是女秀才的意思），才华和样貌都无可挑剔，年龄与朱棣相当（比朱棣小两岁）。明太祖与马皇后一合计，这不正是儿媳妇的最佳人选吗？于是便开始为这桩婚事推波助澜。

《明史》记录了朱元璋向徐达提出替双方儿女订婚的原话：“朕与卿,布衣交也。古君臣相契者,率为婚姻。卿有令女,其以朕子棣配焉。”徐达一听，心想既然皇上都开了金口，岂能不依？再说，女儿日后成了亲王妃，徐家便与皇室沾亲，何乐而不为呢？当即爽快答应，并谢主隆恩。

为拉近与未来儿媳妇的距离，也为了给两个孩子创造相互熟知的条件，马皇后召十一岁的徐妙云入宫任女官。马皇后对聪颖守礼的徐妙云特别喜爱，时常把妙云带在身边亲自教导。在此期间，徐妙云与朱棣相识，成为青梅竹马的关系。徐妙云不但熟读儒家书籍，而且作为战神之女，耳濡目染，对兵法也很有心得，与同样对兵法感兴趣的朱棣特别聊得来。小妙云会将父亲传授给她的军事实战心得和兵法韬略感悟与朱棣分享，朱棣听得十分入神，有时到了废寝忘食的地步。马皇后若正巧从他们身后经过，就会特意吩咐下人不去惊扰他们，她则是在远处默默地含笑点头。朱棣越听越觉得徐达元帅了不起，也越发佩服徐妙云，一介女儿身竟对军中之事懂得那么多。在小妙云眼里，这个朱棣哥哥不像其他皇子那样手无缚鸡之力，他敢于爬树捕蝉、攀墙逐猫，矫健的身姿特别帅气。两人无话不谈，从不拐弯抹角，更令妙云增添了一种安全感和信任感。宫中上下共同见证了这两个孩子一起相伴读书，一起追逐嬉闹，一起放飞纸鸢，一起雪中漫步，纷纷投以羡慕的目光。他们的欢声笑语也让一向规矩森严的深宫平添了几分轻松惬意。朝夕相处中，二人逐渐暗生情愫，彼此也明白长辈们的用心，早已知晓对方是自己未来的归宿，故而也十分期盼喜结良缘的日子早日来临。

转眼间，到了洪武九年（公元 1376 年）正月二十七，朱棣与徐妙云奉旨成婚。徐妙云被正式册封燕王妃，成为朱元璋的儿媳妇，那一年，朱棣十六岁，徐妙云十四岁。结婚当日，朱元璋在应天武英殿内大宴群臣，文武百官个个喜笑颜开，竞相道贺。徐妙云“女诸生”之名世人皆知，但官员们大多无缘得见，都想在这大喜之日一睹新娘子的芳容。终于，新娘在一干侍女与随从的簇拥之下莲步轻移，款款而来。只见妙云头戴翟冠，身披红衫，唇若点樱，眉如墨画，一双盈盈秋水般的眼眸灿若星辰，秀美中透着一股英气。众人发出由衷的赞叹，纷纷羡慕魏国公生有如此美若天仙的女儿，夸赞明太祖又多了一个德才贤淑的好儿媳。人群中有一名高僧独具慧眼，对比太子妃与燕王妃的容貌后，看出了惊世玄机。此僧名叫姚广孝，法号道衍，由于精通儒书，被僧录司推荐至明朝京师三大寺之一的天界寺担任一个僧职。此次，作为天界寺代表应邀为新人诵经祈福。他发现燕王妃徐氏有母仪天下之大富贵相，而太子妃常氏则是福薄短命之相（两年之后太子妃果真病逝）。姚广孝本就怀揣吞食天地之志、改朝换代之谋，只是苦于没有机会施展抱负，如今他发现机缘仿佛就在眼前，从此他开始额外关注燕王朱棣的一举一动。

婚后，燕王夫妻二人恩爱有加，如胶似漆，生活幸福美满，两年后燕王妃顺利生下长子，朱元璋和马皇后见到孙儿后高兴得合不拢嘴，朱元璋为其取名朱高炽，并决定由马皇后亲自照看。

这几年来，不甘寂寞的姚广孝并未闲着，而是挖空心思通过各种关系，制造与燕王见面的机会。一来二去，朱棣觉得姚广孝此人学识渊博，精通儒释道三家精髓和阴阳术，且具有极为深厚的兵法谋略，是难得的军师人选，料定此人日后可堪大用，于是与姚广孝暗地交往越来越密切。

时光飞逝，燕王年满二十岁，行完弱冠之礼，也该到他就藩的时候了。考虑到北平担负着抵御北元的重任，朱元璋给予朱棣的护卫军编制比其他亲王多。按照惯例，每位亲王就藩时都可以挑选一名侍从僧，朱棣毫不犹豫地选择了姚广孝，朱元璋一口答应。洪武十三年三月十一日（公元 1380 年 4 月 16 日），朱棣带着徐妙云和儿子朱高炽终于到达心心念念的北平城。别的兄弟离开富庶的帝都，远赴边陲，心里头多少有些不是滋味，但朱棣却是早已按捺不住心中的喜悦，因为以后可以亲临战场冲阵杀敌了！

当时，徐达正奉命镇守北平府，女儿、女婿的到来令驻守边塞的魏国公心情格外舒畅。同年岁末，徐妙云为朱棣生下第二个儿子，取名朱高煦，一家男女老少更是欢天喜地，共庆燕王殿下喜添贵子。

作为岳丈和上级领导，魏国公表面上对朱棣要求十分苛刻，暗地里其实很喜欢这个女婿，认为他身上有一股当年朱元璋的那种闯劲、韧劲和聪明劲。以前在京城时，徐达作为太子少傅，经常在大本堂（位于皇宫东部，既是皇家图书馆，又是太子及诸王讲习之所）给太子及其他皇子讲授军事课程，课后私下里给女婿朱棣“开小灶”，特意传授兵法要义。现如今，朱棣可以整天跟随岳父左右，观看战神如何排兵布阵，军事素养与日俱增。徐达文韬武略样样精通，朱元璋这样评价他：“破虏平蛮，功贯古今人第一；出将入相，才兼文武世无双。”可以说，徐达对朱棣的影响是全方面的，翁婿二人一个倾力教，一个全心学，这为朱棣日后卓越的文治武功打好了良好的知识储备。

徐达深知徐家的地位和声望是靠一场场战役打下来的，徐家人的命运离不开保家卫国，戎马一生，女婿当然也不例外。徐达一开始就把朱棣当作未来的三军统帅来培养。徐达不是一味的凡事都面授机宜，如影随形，而是让朱棣放开手脚，让女婿带着部队尽量按他自己的想法去打，同时，安排部队在不远处接应。只有在战争中学习战争，才能真正懂得驾驭战争。也许读者会问，这样也太大胆了，万一有啥闪失怎么向朱元璋交代？虽然枪炮无眼，战争无情，但朱棣发生不测的概率很小。一是因为北元军事实力大不如前。北元第一猛将、被朱元璋誉为“天下奇男子”的王保保在朱棣就藩前已死于哈剌那海，北元再无帅才。二是因为徐达的威名足以让北元残余势力闻风丧胆，想当年正是徐达攻破元大都，元顺帝远遁漠北，元朝正式灭亡，王保保死后北元无力挑起战事，主要精力放在防御上。三是朱棣脑瓜子特别机灵，对战场形势预判能力和心理素质高人一等，这一点尤其让徐达感到满意。

洪武十八年二月二十七日（公元 1385 年 4 月 7 日），徐达因背疽发作死于北平，明太祖追封徐达为中山王，列开国六王之首。

朱元璋对朱棣极其信任，将徐达留下的三十余万精锐交给他执掌。朱元璋的目的可不是让镇守边陲的几个皇子一味死守，而是厉兵秣马，等待时机，趁他在世时一举荡平北元残余势力。

洪武二十三年（公元 1390 年），朱元璋终于下定决心，命颍国公傅友德率军北伐，大军听从晋王和燕王共同节制。这也是检验两位皇子能力的时候，结果怎样？《明史》这样记载："晋王怯不敢进，（燕）王倍道趋迤都山，获其全部而还，太祖大喜，是后屡帅诸将出征，并令王节制沿边士马，王威名大振。"主要意思是：晋王怯战，燕王大获全胜，降北元太尉乃儿不花。

随着傅友德战功越来越大，大到朱元璋都亲口承认"论将之功，傅友德第一"，傅友德的生命也走到了尽头。在赐死傅友德后，明军中威望最高的非燕王莫属。洪武二十九年（公元 1396 年）三月，燕王奉明太祖之命独自带兵北征，为不负父皇信任，朱棣打算率军深入漠北，一路追击，发誓把敌军彻底打服才收兵。事实证明，燕王真是一位军事天才！此次北征，明军生擒孛林帖木儿等十多名北元将领，还追至兀良哈秃城，打败敌军守将哈剌兀后凯旋。朱元璋收到捷报，欣喜道："肃清沙漠者，燕王也！"燕王朱棣自就藩后用十余年时间实现了成为岳父徐达那样威震四方之统帅的梦想，让父皇朱元璋和整个皇室引以为傲。燕王妃徐妙云则默默做好丈夫坚强的后盾，不仅将王府大小事务处理得妥妥当当，而且婚后一连为朱棣生下七个子女，替大明皇室家族不断延续香火，这让接连痛失嫡长孙朱雄英、马皇后、太子朱标、秦王朱樉的明太祖朱元璋心里增添了些许安慰。

然而，朱棣军功越大，越是遭到一个人的不满：这个人就是被朱元璋立为接班人的皇太孙朱允炆。矛盾根源是在太子朱标离世后，朱元璋在是否传位于朱允炆时是有过犹豫和动摇的。朱元璋人在南京，但视线从来没离开过包括朱棣在内的各个亲王，时不时通过各种方式考察他们，结果朱棣的表现每次都让朱元璋很满意。

譬如曾经有一次，朱元璋送给朱棣十个美女。朱棣认为这只是父皇对儿臣不辞辛劳守卫边疆屡立战功的犒赏，不收下有负圣恩，况且这些美女的确称得上花容月貌，正欲谢恩时，在一旁的徐妙云偷偷在丈夫耳边低音提醒：“王爷难道忘了宋高宗择嗣的故事吗？”朱棣听罢如梦初醒。这故事讲的是：宋高宗没有子嗣，打算在宗族中过继子嗣继承皇位，最终有两个孩子赵伯玖和赵伯琮条件相当，一时难以取舍。待他们长大成人，宋高宗命人各送十位美女侍奉左右。结果，赵伯玖将所有美人全部笑纳，而赵伯琮听从老师的建议，选择忍耐，没有碰任何美人。宋高宗就此将赵伯琮定为皇位继承人。朱棣一经夫人点拨，不由得惊出一身冷汗，先是表达谢主隆恩，然后托来者向父皇转告自己常处军营，军营有军营的规矩，不可任凭女子随意出入，望父皇明鉴。说完，当即将这些美女全部退回。朱元璋得知后龙颜大悦，于是更加信任四子朱棣。当然，这一切都要归功于徐妙云的睿智。反观秦王朱樉终日沉迷于酒色，不问属地军政，不思民间疾苦，种种颓废与倦怠行为传到朱元璋耳中，朱元璋气得暴跳如雷，扬言要废除他秦王的爵位，好在太子朱标不断说情，为秦王竭力开脱，朱元璋才不予追究，但朱元璋从此不再信任朱樉，决定让朱樉留在自己身边，甚至动了迁都西安的想法。于是，明太祖命太子朱标赴西安考察迁都的可行性。万万没想到，朱标在巡查西安时染上风寒，不久病逝。

尽管朱元璋一直对四子朱棣引以为傲，但如果选择朱棣当皇位接班人，就会产生一系列问题。由于朱棣上面还有两个哥哥，那么很可能引发各藩王不满，而朝廷重臣又都是朱标生前辅臣，自然大都拥护朱标血脉朱允炆，这样必然国本动摇，引发内乱。此外，朱元璋自始至终都希望大明后世君王以文治天下，施行仁政，朱棣性格跟自己一样过于刚猛，又喜好用兵，恐怕难以得到臣民的拥戴，而朱允炆虽然年幼，但种种行为举止神似朱标，尤其是在朱允炆为父亲守孝期间极度哀伤的表现，更让朱元璋确定这是一个至纯至孝之好孩子，相信他今后也会善待各地藩王。只有这样，朱家子嗣才能够团结一心，共同捍卫大明江山千秋万代。权衡各种利弊后，朱元璋正式册立朱允炆为皇太孙。得知消息，朱棣顿时黄粱破碎，不禁心碎神伤，唯有身边的徐妙云和姚广孝苦劝开导，方才走出悲观失落的阴影。

洪武三十一年闰五月初十（公元 1398 年 6 月 24 日），大明开国皇帝朱元璋于京都应天的西宫崩殂。事态开始往朱元璋预料的相反方向转变，一场以削藩为中心的皇室内斗无法避免。

让我们了解一下这场内斗两方阵营中的核心人物。

以朱允炆为首的削藩集团，两大骨干成员黄子澄、齐泰。黄子澄，太常寺卿兼翰林院学士，朱允炆的授业恩师，整个削藩政策的制定者。齐泰，一位没带过兵打过仗的兵部尚书，虽然谈不上有何军事才能，但他曾向朱允炆提过不少好的建言，比如千万别让李景隆挂帅、削藩从实力最强的燕王开始，等等。但关键时刻朱允炆均未采纳，而是更多地听从黄子澄的建议。

另一个阵营是以朱棣为首的靖难集团，有两个骨干成员——姚广孝、徐妙云。姚广孝，一位知识渊博又渴望建功立业的僧人，靖难之役的总策划者。徐妙云的作用不太显山露水，但在朱棣人生最艰难的日子里，她的表现足以证明其重要性无可替代。

第一，作为战神之女，军队上下对徐达后人格外崇敬，徐达的家人及其生前好友又大都居住在京都，所以，徐妙云打探军中或是朝中动向格外方便。千万别小看这一点，情报的及时性、完整性和准确性往往决定一场战争的成败。

第二，起兵是一件风险极大的事情，朱棣只可能跟身边最信任且又能帮助到自己的人商讨，而这样的人唯有姚广孝和徐妙云二人。在朱棣看来，姚广孝本是局外之人，完全可以不蹚这个浑水，他帮自己的理由是为名而来，这个名不是名禄，而是声名，要么留下盛名，要么背负骂名，总之是完成命运赋予的重大使命，所以这样的人意志坚定，不畏生死，无所顾忌，值得自己信任。不过也正因为如此决定了姚广孝考虑问题往往不拘小节，对后果看得过于云淡风轻。而徐妙云则不同，她是与自己一荣俱荣一损俱损的至亲至爱，她更多地会站在自己的角度和整个王府所有人命运的角度考虑问题。燕王妃作为一个自幼深得战神悉心教导的聪慧女子，她对时局的把握具有常人所不具备的敏锐性和前瞻性，与姚广孝正好组成朱棣的左膀右臂。因此，朱棣每次作出重大决策或部署前，只有在充分听取两人的意见后才能安心定夺。

第三，起兵前期的准备工作是绝密中的绝密，只有徐妙云有这个能力统筹一切。要知道,越是处在风口浪尖,越不能出现任何细小纰漏,以免授人以柄。燕王府里里外外这么多口人，哪怕发生一丁点违法之事，都有可能被朱允炆大做文章。这需要徐妙云谨小慎微地做好方方面面的工作，尤其是针对孩子们的思想教育工作，千万不能流露出对皇帝的不满，千万不能妄议朝政，千万不能仗势欺人。朱允炆削藩为什么不先从朱棣下手，不正是找不到燕王府有违法纪或藐视朝纲的证据吗？为了让朱允炆放松戒备，或者说让朱允炆一时找不到对自己下手的理由，需要考验朱棣的智慧和演技。朱棣面对侄儿有时候主动认错，有时候谎称重病，甚至有时候装疯卖傻。作为朱棣的妻子，徐妙云不但要做好参谋，还要配合出演，有时候还要指导孩子们如何演好各自的角色。重病也好，装疯也罢，朱允炆是不会轻易相信的，必然会派人上王府以慰问为名探听虚实。一旦发现朱棣有装病之举，就是犯下欺君之罪，燕王一家老小便会有灭顶之灾。徐妙云少不了迎来送往并回答来人各种询问，这是需要极大的勇气和智慧的。建文元年（公元 1399 年），正值朱元璋忌日，为了不让朱允炆起疑心，朱棣把三个儿子全部派往京都，代替自己祭祀朱元璋。弟兄三人到了皇城脚下，该怎么说怎么做，徐妙云都反复交代，甚至多次演练，告诉儿子们尽量少说话，勿串门，只需毕恭毕敬地给皇爷爷祭拜扫墓。虽然此去京城，三个儿子极有可能被长久质留，但徐妙云强压心头之痛，在儿子面前并未流露出半点焦虑和慌乱。弟兄三人谨遵父母叮嘱行事，尽管朱允炆想将他们长期质留，但实在找不到任何服众的理由。若是强行不放他们回去，反而被天下人质疑自己是否真的以仁政治理天下，当然最主要的是朱棣军权早已上交，身边仅留一支八百多人的卫队，所以，朱允炆自认为高枕无忧，他要做的就是耐心找到四叔谋逆的铁证。可朱允炆万万不会想到，四叔那边该准备的也准备得差不多了！等到三个儿子一回到北平，朱棣再无后顾之忧，很快宣布起兵，并按事先计划顺利控制了北平驻军，占领了整个北平城。消息传到宫廷，朱允炆懊丧不已，感叹四叔一家人的演技登峰造极，后悔自己下手太不果断。

第四，徐妙云不愧为将门之后，关键时刻真能顶得上去，总能完成好朱棣交予的重大军事任务。北平保卫战便是由她亲自指挥，亲临督战，最终粉碎了朱允炆企图一举端掉朱棣“老巢”的美梦。当时，朱棣亲率主力部队带着次子朱高煦和三子朱高燧奔赴大宁向宁王朱权借八万精兵，而李景隆亲率大军直指北平。燕王无法分身，只能将守城重任交给长子朱高炽，但涉及军中重大决策时嘱咐他务必听从母亲的建议。朱棣深谋远虑，朱高炽是自己的长子，由他站在城墙上，便代表自己不会弃城不顾，军心得以稳固，儿子要做的就是死守，撑到他回来的那天。然而，战争是瞬息万变的，作为守城一方，半点差池都不能有，一旦被敌人撕开一个口子就很可能如洪水溃堤一般造成局面失控,所以需要一个掌控全局的人,此人非爱妻徐妙云不可！《明史》记载:“凡部分备御，多禀命于后。景隆攻城急，城中兵少，后激劝将校士民妻，皆授甲登陴拒守，城卒以全。”徐妙云不但要处理军政事务，还要披挂上阵，就连城内妇女都组成娘子军跟随她投入战斗了。从 10 月 15 日战斗在丽正门（今天北京前门）正式打响，到 11 月 4 日朱棣率军从大宁赶回，击溃朝廷大军主力，徐妙云和朱高炽创造了以一万兵力抵住李景隆五十万大军轮番围攻的奇迹。

介绍完双方阵营的核心人物，两边实力一对比，就能清楚朱棣为什么能成功。至于那位掌握天下兵马，屡次惨败还屡次被朱允炆委以重用的李景隆，说他是“猪队友”也不为过，甚至有不少人觉得他内心早就倒向朱棣一方，故意胡乱指挥。

北平保卫战是一个重大转折点，在这之前，削藩集团占尽优势，可以说朱允炆正一步步把朱棣逼到悬崖边上，而北平保卫战之后，朝廷军队元气大伤，朱棣通过威逼利诱从宁王那里带来了朵颜三卫，瞬间让他有了反攻的实力和底气，“清君侧，靖国难”的口号也让他师出有名，以燕王的军事指挥才能和军队战斗力，攻破应天只是个时间问题。

燕王朱棣自建文元年六月起兵，从燕京率军南征，到建文四年六月正式攻陷京师南京，用了整整四年，史称“靖难之役”。朱棣能够成为中国历史上夺位成功的藩王，徐妙云与姚广孝居功至伟。

朱棣称帝时，姚广孝已到了六十八岁之高龄，他拒绝朱棣封官赐爵的美意，仅仅担任僧录司左善世（当时全国僧侣的官方最高首领），加太子少师。因为他白天穿着朝服上朝面圣，晚上穿着黑色僧袍去寺庙念经,故而被称为“黑衣宰相”。此后,他完成了两件了不起的大事:

一是担任了《永乐大典》的最高编撰官（前期由内阁首辅解缙主持纂修，但明成祖很不满意），《永乐大典》被誉为世界有史以来最大的百科全书，也是世界文化遗产之珍品；二是负责迁都事宜，一手规划北京城布局。永乐十六年（公元 1418 年），八十四岁的姚广孝寿终正寝。死后，他被追赠荣国公。姚广孝成为以文臣身份入明祖庙的明代第一人，也是唯一一人。

朱棣继位时四十二岁，徐妙云四十岁。徐妙云众望所归，自然被册封皇后。朱棣觉得单纯册封还不足以凸显徐皇后的尊贵，不但为其举办隆重的封后大典，在仪式上授予龙钮封印（皇后最高级别的待遇），而且让礼部在承天门外宣布册封诏书，诏书特意提到徐妙云立下的赫赫军功，徐妙云成为中国历史上唯一单独昭告天下的皇后。

尽管两人身份转化成了皇帝与皇后，夫妻感情依然十分融洽，可谓相敬如宾，同心同德。朱棣曾盛赞自己的皇后：“职善道以辅内治，衍繁庆以益生灵。”

朱棣登基之初，对朱允炆留下的旧臣多有猜忌，造成这些旧臣都不敢建言献策，生怕触犯皇帝受到严罚，徐妙云就劝说朱棣：“当世贤才皆高皇帝所遗，陛下不宜以新旧间。”朱棣听后觉得皇后说得有理，于是大胆重用了解缙、夏元吉等一干朱允炆的旧臣。

朱棣为了向世人证明自己是个称职的好皇帝，日理万机，勤于政务，经常过了中午都还未曾用膳。徐皇后心疼丈夫，同样也不动碗筷，等朱棣处理完公务后才与朱棣一起吃饭。

从永乐元年开始，徐皇后先后主持编纂了《梦感佛说第一希有大功德经》、《内训》二十篇、《劝学书》一部，并且全部都颁布天下，这些书籍旨在推行针对女性的教育，倡导修德劝善，她也是想通过这种方式，为丈夫赢得民心，但也因此令徐妙云操劳过度，身体每况愈下。

永乐五年七月初四（公元1407年8月6日），徐妙云因积劳成疾，在坤宁宫病重而亡，享年四十六岁。临终前，她一再叮嘱朱棣："任用贤臣，体恤百姓，不要重用封赏我娘家族人。"

朱棣对徐皇后用情极深，即便徐妙云已驾鹤西去，朱棣仍用超高规格的礼遇表达对皇后的无限深爱。朱棣为徐妙云送谥号"仁孝皇后"，她也是明朝仅此一位谥号有"仁"字的皇后。据记载，佛道两家为徐皇后举办祈福与超度的法会长达一百多天，徐皇后的丧礼和葬礼规格可谓明清两朝皇后之最。按照惯例，皇帝为皇后服丧一般只需七至十五日，可朱棣竟为徐皇后服丧长达数月之久。徐妙云去世后，朱棣将徐妙云的灵柩停放在宫中，一直等到六年后，才将爱妻安葬于北京的长陵，并为她空置皇后之位十七年。

永乐二十二年七月十八日（公元1424年8月12日），朱棣在北征班师途中同样因积劳成疾，病重而亡，享年六十五岁。朱棣临终前，留下遗嘱，把自己和徐妙云合葬。同年隆冬时节，二人合葬于明十三陵中建筑规模最大的帝王陵——长陵，长眠于系属燕山山脉的万寿山主峰南麓。

生于帝王家，成边帝王业；怎奈天不容，千里刀光怨。逼我做不成藩王，那我就去当君王。夫妻倘若一条心，黄土亦可变成金。任何时候都不要抱怨惨淡不公的命运，任何时候都不要低估相依为命的夫妻。你做主帅，我当军师；你做君王，我当谏臣。不在乎前路之凶险，只珍惜眼前之所爱；不在乎后人之评价，只叹息生命之短暂。我们曾经无数次谈论着奇迹、追逐着奇迹、缔造着奇迹，历经沧桑，回望来路，只想对你说，我们的爱情才是令我最快乐不已、最值得拥有的奇迹。

爱情是失去后永久的思念

东风庭院落花飞，谐老齐眉愿竟违。
幻梦一番生与死，讣音千里是邪非？
凄凉怀抱几时歇，缥渺音容何处归？
魂断九泉招不得，客边一日几沾衣。

佛教经书《佛说孝子经》有云:“自秽妻聚，惑志女色，荒迷于欲，妖蛊姿态，其变万端……自古世来无不由之杀身灭宗。是以沙门独而不双，清洁其志，以道是务。奉此明戒，为君即保四海，为臣即忠。”

虽然历史不以人物私生活辨忠奸论英雄，但历史上确有英雄“奉此明戒”,不近美色,忠于爱人,做到忠肝义胆保家国,铁骨柔情为一人。

明朝时期，军事家于谦与夫人董氏的爱情故事最具代表性。在大国与小家之间，于谦毅然选择以国事为重，在无法更多尽到丈夫责任的情况下，他以对爱人的无尽思念和对爱情的至死坚守来弥补憾事，值得世人敬仰。而董氏对丈夫的理解与支持，对家庭的关心与付出，同样值得赞叹。

至元八年十一月十五日（公元 1271 年 12 月 18 日），成吉思汗之孙忽必烈在上都（今内蒙古锡林郭勒正蓝旗,闪电河畔）建国号大元。次年，迁都中都燕京（今北京），改中都为大都。深受儒家思想文化影响的忽必烈称帝后，听取了元朝“总设计师”、头号智囊刘秉忠的建议，采用汉臣儒士治国之策，开启了汉化改革，促进了民族大融合。

有一位名叫于伯仪的汉人得到忽必烈的器重，被授予礼部尚书之职，因祖籍河南考城（今民权县），死后被追封河南郡公。此后，于氏一门后代均在朝廷担任一定的官职。

到了元朝末年，于氏后人于九思在担任杭州路总管期间，举家迁至杭州钱塘县太平里。杭州在元朝的地位非同小可！它是江浙行省的治所，而江浙行省在元朝十一个行省中，人口最多，经济最发达，元朝格外重视。杭州原是南宋都城，经济发达，市场繁荣，但经济影响力只限于南宋控制区。元军下江南时并未对杭州的社会经济造成巨大破坏，恢复起来相对容易。元世祖忽必烈以郭守敬为“总设计师”，重修大运河，杭州作为京杭大运河南方的起点，经济呈倍数增长。此外，元朝还在杭州设立市舶都转运司，使得杭州在元朝海外贸易中发挥着极其重要的职能。由于水陆海交通辐辏、多民族文化交融、大批外国人选择定居等多重因素，杭州在当时成为一座举世闻名的国际化大都市。意大利旅行家马可·波罗这样评价杭州：“是世界上最雄伟、壮丽的城市，这里物产丰富、生活快乐，生活于此，犹如生活在天堂之中。”意大利旅行家鄂多立克在游记里也将杭州喻为“天堂之城”。意大利修士马黎诺里奉教皇之命出使中国，来到杭州后同样发出惊叹：“这是最好、最大、最富饶、人口最多，总之是最绝妙的一个城市。”按照元朝的制度，地方各级的最高长官叫达鲁花赤，必须由蒙古人担任。二把手职位就是总管，由汉族人担任。可见，于家在当时地位之显赫。后来，于九思官升任湖南宣慰使，一生可谓官运亨通，仕途顺畅，致仕后他回到杭州颐养天年、含饴弄孙。

于九思之子于文明在洪武年间任工部主事，到再下一代于文明之子于彦昭时，于彦昭对出仕为官不感兴趣，毕生致力于学问，在家乡过着隐居生活。于彦昭在当地是出了名的大孝子，据史料记载，他“治丧能尽礼，奉母施淑人极孝敬”。

洪武三十一年四月廿七日午时（公元1398年5月13日），于彦昭夫人刘氏生下一名男婴，也是家中长子，取名于谦，希望这个孩子长大后为人谦逊、低调。

于谦自幼聪颖过人，严承家教，敏而好学，志存高远。于家自于九思开始因敬重宋朝名臣文天祥，家中便一直供奉着文公的遗像和牌位。受家族影响，于谦从小喜读岳飞、文天祥等人的英雄故事，崇拜他们的正直气节，满怀忠君报国的理想信念。

于谦六岁入私塾念书，不仅成绩十分优异，而且体格非常出众。他与许多同龄孩子相比，身材要高出许多，给人鹤立鸡群之感。一双眼睛炯炯有神，走起路来健步如飞。据《明史》记载，在于谦七岁那年，有一高僧见其相貌后惊叹道："他日救时宰相也。"此预言日后果真一语成谶。八岁时，一日，身穿红衣的小于谦和小伙伴们正在骑马玩耍，邻居家老翁闲着无聊，戏弄他说："红孩儿，骑黑马游街。"于谦应声作答："赤帝子，斩白蛇当道。"老翁见其对仗工整，气势不凡，不禁连连拍手夸赞。

十五岁时，于谦考取县儒学生员（秀才），成为远近闻名的才子。次年他就读于吴山三茅观。吴山三茅观始建于南宋绍兴年间，曾是南宋香火鼎盛的"御前十大宫观"之一。三茅是指传说秦汉时得道成仙的茅盈、茅固、茅衷三兄弟，后世称他们为三茅真君。元明时期，观内辟有书馆。于谦听闻该书馆里有位学问高深的教书先生，许多参加秋闱的秀才都慕名而来，求学问道。于是，于谦便收拾行囊奔赴三茅观。在那里，学子们朝夕相处、同窗苦读，切磋文章、激扬文字，彼此间结下深厚的友谊。

有一次，于谦和几位好友在一起闲聊，谈论三茅观附近有什么好玩的地方，有人提议说："这附近有一座道观，名叫宝极观，此观后山有一座楼，称为星宿阁，去那里观景赏月如何？"听闻此言，立即有人阻止道："去不得，去不得，那里最近闹鬼啊！"边上有不少人附和称是。于谦一听，反而来了兴趣，他当即表示要到星宿阁住一宿。众人见于谦起身出了三茅观大门直奔宝极观方向而去，于是也跟着他去凑凑热闹。宝极观长老得知众人来意后，本想好言劝退，但见于谦谈吐不俗、英俊威武，眉宇间透着一股凛然正气，突然打消了顾虑，决定破一回例，允许他独自一人登楼过夜，其他看客在阁外交头接耳一阵后纷纷散去。第二天，于谦告别宝极观长老回到三茅观，众学子见于谦神清气爽地站在他们面前，讲述昨晚星光如何璀璨、睡得如何香甜，无不赞叹于谦胆量过人。神奇的是，自那以后，星宿阁闹鬼的传闻突然间销声匿迹。

十七岁时，于谦第一次参加乡试遗憾落榜，然而他并未气馁，继续在三茅观读书。空余时间，他还特意放松心情，经常游览附近山水。有一次，他来到富阳，看见山上有一座石灰窑，一群窑工师傅正在煅烧石灰。只见一堆堆青黑色的山石，经过熊熊的烈火焚烧之后，都变成了白色的石灰。他深有感触，略加思索之后便吟出了一首世人耳熟能详的七言绝句《石灰吟》："千锤万凿出深山，烈火焚烧若等闲。粉骨碎身全不怕，要留清白在人间。"这是一首托物言志诗。作者以石灰做比喻，表达自己为国尽忠、不怕牺牲的意愿和坚守高洁情操的决心。

于谦十八岁时，家里长辈给他订下了一门亲事，姑娘姓董，出身书香门第，其父董镛是永乐二年进士，一生曾任翰林院庶吉士、永丰知县。于谦到二十岁时以优异成绩考取县学廪生（官府按月发给粮食的生员）。次年,二十一岁的于谦正式迎娶董氏。这位董小姐容貌一般，但乖巧可爱，知书达礼，淑惠静专。据史料记载，于谦称赞董氏"柔惠静嘉，孝友敦睦，称贤内助"。

又过了一年，二十二岁的于谦在杭州府学再次参加乡试，结果不负众望，考中全省第六名，中得举人。

永乐十九年（公元 1421 年），二十三岁的于谦告别家人进京参加会试，如愿考中进士。随后他做了几年地方官，能力与政绩受到朝廷认可。宣德元年（公元 1426 年），于谦被授予江西道监察御史（正七品）之职。别看品级不高，但御史权力挺大，可以弹劾任何品级官员，也可以直接朝见皇帝，并接受皇帝指派的各种任务。于谦深知自己的责任与使命，他做好了一切迎接疾风暴雨的准备，为此挥笔写下一首七律诗《咏煤炭》以托物言志：

凿开混沌得乌金，藏蓄阳和意最深。
爝火燃回春浩浩，洪炉照破夜沉沉。
鼎彝元赖生成力，铁石犹存死后心。
但愿苍生俱饱暖，不辞辛苦出山林。

同年八月，汉王朱高煦在乐安州（山东惠民县一带）起兵谋反，于谦随明宣宗朱瞻基亲征平乱。大军兵临城下，叛军见皇帝御驾亲征，许多将领便斗志全无，朱高煦无奈投降。在朱高煦出降之日，于谦奉旨逐一列举其罪状，声色俱厉，言词凿凿，一向桀骜不驯的朱高煦被于谦的气势所压倒，忍不住浑身颤抖，伏地求饶。史书记载："高煦伏地战栗，称万死。"明宣宗龙颜大悦，从此对于谦额外欣赏。不久，朝廷下令派于谦巡按江西，成功平反了数百起冤狱，能力得到了充分展现。自 1422 年到 1430 年，夫人董氏时而在杭州服侍二老，时而赴京城与于谦相聚，亲自照料于谦饮食起居，着实不容易。

宣德五年（公元 1430 年），深得明宣宗器重的于谦被越级提升为兵部右侍郎（正三品），巡抚山西、河南。当时两地灾情严重，灾民较多，心系百姓的于谦在各地不停奔波，比以往工作更加辛苦和忙碌。董氏留在北京操劳府上的大小事务，由于于谦为官清廉，很多事务都是董氏亲力亲为，苦苦支撑。因为实在没有精力同时带大两个孩子，只能将女儿于璚英放在身边，儿子于冕则放在杭州府钱塘县老宅由祖父祖母抚养，这多少让儿子觉得父母更偏爱妹妹。于冕十三岁生日到来前，祖父给于谦去信，叮嘱于谦千万不要忘了送一份生日礼物，表示一下对孩子成长的关爱。于谦深知对儿子亏欠较多，思虑再三，觉得还是以诗相赠来得更有意义。“阿冕今年已十三，耳边垂发绿鬖鬖。好亲灯光研经史，勤向庭闱奉旨甘。衔命年年巡塞北，思亲夜夜想江南。题诗寄汝非无意，莫负青春取自惭。”于冕见到父亲寄来的这首诗后，内心特别高兴，体会到印象中不苟言笑、话语不多的父亲还是非常牵挂着他，终于放下心中芥蒂，学习比以前有了更大的动力。

对于于谦的为人和政绩，皇帝与内阁十分清楚，对其能力充分肯定和信任。于谦在地方上辛勤工作长达近二十年，兴修水利、筑路铺道、植树挖井、贷粮济贫、施药救难等，政绩颇大。他屡屡上书为民请命，当时内阁杨荣、杨溥、杨士奇佐政，凡于谦所奏，都一一允准。按照明朝的制度，董氏可以得到三品淑人的诰命，皇帝也有意授封，但在于谦的坚决反对下，董氏什么都没得到。

正统七年（公元 1442 年）十月，辅政多年的张太后病逝。随着，内阁三杨或死或贬，明英宗宠幸的司礼监掌印太监王振开始把持朝政。百官畏惧王振淫威，纷纷贿赂献媚。有人提醒于谦进京公干时，千万别忘了给王公公打点打点。于谦不为所动，用一首诗表达不屑向权贵折腰之意：“绢帕麻菇与线香，本资民用反为殃。清风两袖朝天去，免得闾阎话短长。”王振始终在暗中观察于谦的举止言行，本想拉拢这颗冉冉升起的政坛新星，但听闻于谦如此“不识时务”，便有心加害。怎奈于谦为官清廉，从不结党营私，王振一时找不到陷害的理由。

正统十年（公元 1445 年）秋，董氏给丈夫写了一封信，告知她近期经常气短胸闷，现在越来越严重了。当时，于谦忙于公务，认为妻子的病是老毛病了，没当回事。没想到，第二年年初便收到了噩耗，妻子已永远地离他而去，于谦闻之痛心疾首。

妻子去世三十五天后的“五七”，于谦写了一篇祭文：子之逝也奄经五七，我心孔伤夜以继日，病不问医、哭不抚尸。我实负子，子亦含悲。候馆萧条，形单影只，音容莫追，痛念宿昔。痛写哀辞，奠此一卮，子于九泉，知乎不知？

悲痛自责之情溢于言表，非一篇祭文所能涵盖。一向感情内敛的于谦又一连写下十一首悼忘诗《悼内十一首》，首首催人泪下，伤感至极，寄托了于谦对妻子的无尽怀念与哀思。

垂老光阴两鬓皤，细君弃我竟如何！
夫妻一旦世缘尽，儿女百年恩爱多。
小阁空悬台上镜，春衣谁试箧中罗。
客边闻讣肠先断，泪落西风鼓缶歌。

世缘情爱总成空，二十余年一梦中。
疏广未能辞汉王，孟光先已弃梁鸿。
灯昏罗幔通宵雨，花谢雕栏蓦地风。
欲觅音容在何处？九原无路辨西东。

缥缈音容何处寻？乱山重叠暮云深。
四千里外还家梦，二十年前结发心。
寂寞青灯形对影，萧疏白发泪沾巾。
箧中空有遗书在，把玩不堪成古今。

尘寰冥路两茫茫，何处青山识故乡？
破镜已分鸾凤影，遗衣空带麝兰香。
梦回孤馆肠千结，愁对惨灯泪千行。
抱痛苦嫌胸次窄，也应无处著凄凉。

东风庭院落花飞，谐老齐眉愿竟违。
幻梦一番生与死，讣音千里是邪非？
凄凉怀抱几时歇，缥渺音容何处归？
魂断九泉招不得，客边一日几沾衣。

房栊寂寞掩春风，百岁情缘一旦空。
世态不离生死内，梦魂多在别离中。
可怜孤馆月华白，犹忆香奁烛影红。
老眼昏昏数行泪，客边从此恨无穷。

结缘谁不愿齐眉，修短由来未可期。
老我方将安蔗境，细君先已赴瑶池。
花飞玉碎愁何限，绠断瓶沉势莫为。
清泪两行千古恨，眼看儿女益凄其。

别来音问每蹉跎，两地关情感慨多。
我欲承恩还北阙，子先归化梦南柯。
空闺镜破余残粉，断杼尘蒙失旧梭。
痛汝老怀谁与诉？临风惟有泪滂沱。

独对青灯坐夜阑，客边衣薄不胜寒。
因思旧事关情切，欲把遗书掩泪看。
花落香消人寂寂，台空镜破月团团。
梦魂割断幽明路，死别生离欲见难。

百川东逝更无还，生死由来一梦间。
苦雨凄风香阁冷，落花啼鸟绣帷间。
空于纸上看遗墨，无复灯前睹笑颜。
肠断不堪回首处，两行清泪万重山。

痴儿弱女两相依，宿鸟惊巢各自飞。
尘锁镜台秋月冷，香消罗幔夜灯微。
双亲闻讣肠应断，百岁同心事已非。
垂老不堪生死别，客边日日泪沾衣。

这一首首悼诗简洁凄婉，如泣如诉，无夸张矫饰，无浮华修辞，有的只是一个年过半百男人的絮絮私语。

他在无数个梦中见到妻子别离的身影，正要向其诉说诸多的心里话时，忽然梦境被无情打破，醒来才发现“花落香消人寂寂”。

他想告诉妻子长久以来藏在心里的话：“只想和你白头到老。”

“我怎么都没想到你竟然这么快就离我而去，让我们‘百岁情缘一旦空’。如今我经常夜里独自坐在青灯前环顾四周，怎么都寻不到你的影踪，只剩下‘空闺镜破余残粉’。‘箧中空有遗书在’，我只能手捧你生前给我的书信一遍遍地掩泪默念至天明。

那一年，我见到你的来信，知道你身体不适后如果第一时间赶回来该多好啊！也许就不至于‘尘寰冥路两茫茫’了。”

看到这里，也许有人会怪罪于谦作为一个丈夫太薄情，妻子在临终弥留之际，竟然没有回去陪伴左右。其实何止是没有回去看一眼，于谦连葬礼也没有参加，是儿子负责将灵柩运送回老家。自始至终，这个丈夫完全没有参与他妻子病逝这件事情，如同一个局外人。更可叹的是，于谦自科举出仕，后出任晋豫巡抚，一直在外忙于安抚百姓、推行政令。而妻子寄居京师，结婚二十余年里，几乎有十八年的时间两人是分居两地，每年最多是年终述职的时候，他才会回京与妻儿小聚。然而，妻子深知丈夫胸怀家国，心系黎民，不应受制于儿女情长，自己理应做丈夫最坚实的后盾，用尽全力赡养双亲、抚育子女，打理好府中大小事务。于谦深知妻子这么多年为家操劳之不易，尽管自己有皇命在身，身不由己，但作为丈夫，做得实在太过欠缺，妻子的过早离逝成为于谦心中永远挥之不去的痛。董氏生前，于谦没有纳妾，董氏死后，于谦也没有续弦和纳妾。

皇帝感慨董氏生前没有享受到朝廷给予的任何俸禄，如今斯人已去，特破格给予她正二品标准的哀荣（于谦此时仍是正三品）。

正统十一年（公元 1446 年），也就是妻子过世的第二年，于谦上京奏事，荐举河南、山西参政孙原贞、王来两人出任巡抚。王振唆使通政使李锡上本弹劾，诬陷于谦因长期不得升迁而心怀怨恨，任意荐人自代，不合体统。皇帝震怒，命人将于谦入狱。后在河南、山西两省官民和周、晋两藩王府的请求下，王振迫于朝廷内外各种压力，放弃继续迫害于谦的念头。于谦被释放出狱，先是降职为大理寺少卿，后来很快恢复了河南、山西两省都察御史之职，于谦马不停蹄地回到他曾经奋斗十多年的热土。正统十二年（公元 1447 年），朝廷重新恢复于谦兵部右侍郎之职。由于瓦剌骚扰不断，边关形势吃紧，次年朝廷又擢升他为兵部左侍郎，协理军务。

正统十四年（公元 1449 年）六月，蒙古瓦剌部大举入侵，明英宗在王振的蛊惑下，亲率五十万大军御驾亲征。于谦和兵部尚书邝埜极力劝阻，朱祁镇不听，最终由邝埜随皇帝出征，于谦留北京主持兵部日常工作。不出于谦所料，在王振的胡乱指挥下，将士都无心恋战，明军毫无章法，处处被动，不仅屡战屡败，而且行动迟缓，被瓦剌太师也先一路追至土木堡，缺粮断水，动弹不得。此时，被围的明军仍抱有和谈的幻想，结果中计，导致全军上下死伤过半，精锐尽失，明英宗被俘，王振和邝埜死于乱军之中，史称“土木之变”。

在这危急关头，明英宗生母孙太后命明英宗同父异母的弟弟郕王朱祁钰监国，提拔于谦担任兵部尚书。也先挟持着被俘虏的皇帝气势汹汹地逼来京城的时候，不少人建议南迁避祸。而于谦坚决反对，他以宋朝南迁为例驳斥众人，最后孙太后及郕王采纳于谦的建议，北京保卫战就此拉开序幕。于谦统领全局，指挥若定，京城将士及城中百姓众志成城，齐心协力，依靠北京城的城高墙厚，发挥明军火器之威猛、装备精良之优势，终于赶跑来敌，保住了大明的江山。

明英宗回朝后名义上被明代宗朱祁钰尊为太上皇，实则被幽禁于南宫。景泰八年（公元 1457 年）正月十六日夜，夺门之变（又称南宫复辟）爆发，明英宗在徐有贞、石亨等人的拥戴下重新登上帝位，可是，忠臣于谦却因此被冤杀。《明史》记载：“夺门之役，徐石密谋，左右悉知，而以报谦。时重兵在握，灭徐石如摧枯拉朽耳……方徐石夜入南城，公悉知之，屹不为动，听英宗复辟。”于谦为何没有派兵平息？这是因为于谦一直在与诸位重臣商议，本就打算起草立朱祁镇的儿子沂王为太子的奏疏，准备第二天上疏。朱祁钰已经不治垂死，现无子嗣，如果自己出兵，朱祁镇必然按谋逆论处，朱祁镇的儿子朱见深自然也不可能登上皇位，明宣宗一脉将失去皇位继承权，那么各藩王必然争相抢夺，兵戈相见，国势动荡，苍生受难。因此，太上皇再度登基，未来大明天下也是太上皇儿子朱见深的，最终结果都是一样。

尽管于谦不屑与徐有贞、石亨等小人为伍，但还是选择以大局为重，保持中立态度，静待朱祁镇重登大宝。可没想到，徐、石一伙自得宠后便处心积虑欲将位高权重的于谦致之死地而后快。石亨在起事之前行事放纵，没少受到于谦的弹劾，因此对于谦很是不满。而徐有贞曾找于谦帮忙，求于谦帮自己恢复官职。于谦向明代宗上表，可明代宗不同意。徐有贞见自己的官职迟迟不恢复，以为是于谦从中作梗，于是，也开始怨恨于谦。石亨和徐有贞因拥立之功备受明英宗的信任，在朝廷中的地位随之飞涨。功成名就之后，他们两人三番两次向明英宗建议，要求以迎立外藩的罪名杀死于谦。明英宗念及于谦在守卫京城时曾立下不世之功，不禁犹豫道："于谦这个人确实有功。"二人见状，不停地说于谦的坏话，还把于谦当时拥立明代宗的事情搬了出来。为了使明英宗下定决心，徐有贞冷冷地说道："皇上如果不杀于谦，复辟之事就师出无名了。"明英宗听了之后沉默了很久，最终，决定以莫须有的"迎立外藩"罪名将于谦斩首示众，行刑之日定在正月二十二日（即 1457 年 2 月 16 日），行刑地点在崇文门外的刑场。

临刑之日，愁云惨雾，阴霾翳天，行路嗟叹，无不涕泣。《明史·于谦传》记载："阴霾四合，天下冤之。"在于谦临刑之际，京城百姓跪地哭送，为其鸣冤，恸哭声响彻云霄，苍天仿佛为此受到了感化，原本晴朗的天空突然变得乌云密布，似乎在为忠臣之死而垂泪。据说一位刽子手由于不愿承担亲手杀害于谦的恶名，居然举刀自杀了。

于谦死后，锦衣卫奉旨到于谦府上抄没家产，里里外外仔仔细细

搜了一个底朝天，结果一无所获。家里没有什么值钱之物，只有正屋锁得严严实实。待众人打开来看，里面只有皇上赐给他的蟒袍与剑器，见此情景，见惯抄家场面的锦衣卫也不禁瞬间落泪。在于谦被害的第二年，他的遗体由其亲人运回故乡杭州，葬于西湖三台山下。

不久，瓦剌军队又来侵犯明朝边境，明英宗命身边大臣商议退敌良策，满朝文武支支吾吾，不知所云，都不愿领兵御敌，明英宗气得大骂众臣无能。恭顺侯吴瑾忍不住开口说：“假如于谦尚在，瓦剌安敢如此?”皇帝听后沉默良久，无言以对。

明英宗死后明宪宗即位，明宪宗听取了监察御史赵敔的建议，下诏为于谦平反。明宪宗为于谦作谕祭文曰：“卿以俊伟之器，经济之才，历事先朝，茂着劳绩。当国家之多难，保社稷以无虞。惟公道之独恃，为权奸所并嫉，在先帝已知其枉，而朕心实怜其忠。”一代忠臣终于沉冤昭雪，在九泉之下得以瞑目。明孝宗采纳给事中孙需的建议，追赠于谦为特进光禄大夫、柱国、太傅，谥号“肃愍”，并在杭州赐建旌功祠，设春秋二祭。万历十八年（公元1590年），对于谦敬仰有加的明神宗认为于公“肃愍”的谥号太低，于是改谥号为“忠肃”。

于谦与董氏共生下一男一女。兄妹二人虽然吃了不少苦，但终得善终。儿子于冕官拜应天府尹（正三品），由于没有儿子，便过继族人子嗣于允忠为后，世袭杭州卫副千户。女儿于璚英和女婿朱骥相伴一生，朱骥深受明孝宗信任，身居锦衣卫指挥使（正三品），在执掌锦衣卫十一年的时间里始终秉持刚正清廉，办事公允，仁厚治狱，实属难得。

于谦是英雄，是清官，也是诗人。翻读于谦的诗作，不仅展现出他一心为公、一心为民的精神特质，同时也透露出其思念妻子、思念亲人的柔情一面，用他自己的话讲，就是“一寸丹心图报国，两行清泪为思亲”。虽然与妻子长期两地分离，但于谦无时无刻不惦念着爱妻，一首《古意》写出了空守闺阁的妻子绵绵相思之苦，也同样道出了于谦对妻子的深深怜爱和歉疚:“妾颜如花命如叶，嫁得良人伤远别。别来独自守空闺，夜夜焚香拜明月。月缺重圆会有期，人生何得久别离。愿将身托蟾蜍影，照见良人不寐时。”英雄也是有血有肉、有情有爱的常人，他们在危急关头挺身而出，不是为了贪图身后虚名，而是以天下苍生负重前行为己任。铭记历史，致敬英雄！同时，也请致敬英雄背后默默付出的家人！

爱情是不顾一切的心甘情愿

千金散尽，只为伊人笑；万丈柔情，唯恐岁月老。命运在酸甜苦辣中摇摆，爱情在得失满损间轮回。苦命之人切莫放弃爱与被爱的权利，薄命之人切莫放弃爱与被爱的希望。

南宋女词人朱淑贞写过一首极为唯美的词《清平乐·夏日游湖》："恼烟撩露，留我须臾住。携手藕花湖上路，一霎黄梅细雨。娇痴不怕人猜，和衣睡倒人怀。最是分携时候，归来懒傍妆台。"诗中描写朱淑贞与恋人携手漫步在荷花盛开的湖畔小路，在含烟带露的黄梅时节，毫不顾忌旁人的眼光，不顾一切地倒入恋人的怀抱中。谁能质疑这爱情最美的样子呢？

明代有位藩王与他心爱的王妃便是这样完全沉浸在二人世界中，他们人生的意义就是心甘情愿地给予对方所能给予的一切。何必在乎他人的眼光？甘愿一生为爱痴狂！

若问大明王朝帝王寿命最长的四位是谁？第一位是明太祖朱元璋（七十一岁），第二位是永乐帝朱棣（六十五岁），第三位是嘉靖帝朱厚熜（六十岁），排在第四位的是明朝第四位皇帝朱棣的儿子明仁宗朱高炽（四十八岁）。只不过这位仁宗皇帝登基时就已经四十七岁，在此之前在太子之位足足待了二十年！可惜，朱高炽在位仅十个月便戛然而逝。当皇帝不到一年的时间，他能干出什么功绩？千万别小看了朱高炽，历史对他评价可是颇高。

朱棣下葬仅仅两个多月，朱高炽就通过一系列举措，很好地解决了靖难之役所遗留的隐患，平复了一大批冤假错案，从而化解了积怨已久的矛盾，让天下人为其折服。

第一，明仁宗赦免了建文帝旧臣和受牵连流放边境的官员家属，允许他们返回原来的地方。

第二，为被杀的方孝孺、齐泰、黄子澄等平反昭雪，称他们是忠臣。

第三，承认建文一朝的合法地位，将朱允炆称为建文君。

紧接着，朱高炽改组内阁，允许一些正五品内阁成员可以兼任朝中三品以上的职位，此举让有才干而品级不太高的贤臣能够放开手脚施行政务。他还免除了灾区百姓的赋税，免费向灾民提供救灾物品和粮食。另外颁布诏令，对于因不堪苛捐杂税而远逃在外的农民，只要他们重回故里，可以免除两年的赋税和劳役。同时，他几乎废除了一切残忍严酷的刑法，并规定死刑犯要通过四次甚至五次审核才能决定是否处以死刑。

朱高炽成为皇帝推行仁政的典范，得到了“天下清平，朝无失政”的历史高度评价。

朱高炽子嗣众多，其中，第九子名叫朱瞻垍，生于永乐九年六月十七日（公元1411年7月7日）。同其他含着金钥匙出生的大明皇室子孙一样，人生剧本早已设定，轻松坐享藩王之福。永乐二十二年（公元1424年）十月十一日，明仁宗分封诸子，十三岁的朱瞻垍被封为梁王，藩地在湖广安陆州。此时的朱瞻垍过着无忧无虑的幸福生活，一切都是那么美好，好到所有人都对这位少年羡慕不已。他生在大明国力强盛之时，父亲是仁君典范，母亲是帝王宠妃，藩地是富庶之地，实在想不出他还会有什么烦心事。然而，仅仅不到一年时间，命运就给小梁王当头一棒，让他体会到人生的残酷超乎想象，更体会到了权力的争斗有多恐怖。

次年七月（公元1425年5月），明仁宗朱高炽驾崩。按照明朝当时的制度，需要将其后宫中没有生下儿子的嫔妃全部随明仁宗一起殉葬。朱高炽在弥留之际，特意关照挑选五位妃子殉葬即可，具体人选只字未提。按理来说，梁王朱瞻垍生母郭贵妃为朱高炽生下三个儿子，是不用去殉葬的。然而却因为在明仁宗生前深得宠爱，而开罪了明仁宗原配张皇后，最终被逼殉葬。

说起这位郭贵妃，是武定侯郭英的孙女。郭英是一位能征善战的猛将，一生经历大小战役五百多次，受伤七十余处。他为人低调，谨言慎行，且妹妹是朱元璋的宠妃宁妃，故而成了大明为数不多得以善终的开国元勋。在靖难之役中，因支持朱允炆，多次与朱棣交战，得罪朱棣。朱棣上位成功后，虽然表面上没有清算郭英，但在郭英死后，明明其有子有孙，武定侯的爵位却一直常年空缺。为了挽回家族地位，郭家不惜把最出色的女儿送给了皇太子做了一个侧室，以图郭家有东山再起的一日。郭氏不负家族期望，入宫后深受朱高炽宠爱，生下三个儿子。随着朱高炽登基，郭氏被册封为贵妃，地位仅次于皇后，三个儿子分别受封为滕王、梁王和卫王，郭贵妃的哥哥郭玹如愿世袭了郭英的爵位。这一切张皇后看在眼里，恨在心头。这位张皇后是兵马副指挥张麒之女，其出身远不及郭贵妃高贵，家境也不及郭贵妃殷实，虽然自己的长子朱瞻基深得明成祖朱棣的喜爱，十三岁便被正式册立为皇太孙，但郭家如今的威望和势力已重回鼎盛，如果任其发展壮大，难免不利于她的儿子日后治理天下。如若有朝一日郭贵妃儿子们在藩地形成气候，地方势力得到极大提升，一旦与郭家势力形成呼应，必将对皇权构成巨大威胁。随着明仁宗的驾崩，最好的机会终于到来！殉葬！既能解张皇后多年心头之恨，又能极大削弱藩王与勋贵强强联手之隐患。

就在母亲随父亲殉葬一个月后，朱瞻埈胞兄、十七岁的滕王朱瞻垲因伤心过度不幸去世，朱瞻埈至亲只剩下一个体弱多病的胞弟朱瞻埏。这一连串的打击，对年仅十五岁的梁王朱瞻埈打击实在太大，尤其母亲被逼殉葬，让他瞬间感受到生于帝王家的残酷与危险，梁王懦弱胆怯的性格逐渐形成并最终定型。

转眼到了十九岁，朱瞻垍正式就藩湖广安陆州。

安陆州在哪里？它位于今湖北省钟祥市，是楚文化发祥地之一。这个地方“东走江淮，西通梁汉，南经荆襄，北则驰骋”，是兵家必争之地。同时，地处江汉平原北端，气候温和，雨量充沛，很适合水稻生长。明朝流传着“湖广熟，天下足”的说法，也印证了安陆州农业经济的发达。明太祖朱元璋定国后，采取封藩制度，其第二十四子郢靖王朱栋被封于此。郢靖王的王妃郭氏是武定侯郭英的小女儿，也是朱瞻垍生母郭贵妃的亲姑姑。朱栋二十七岁去世，因膝下无子，削藩去国，可怜的郢靖王妃没能逃过被殉葬的命运。朱瞻垍最后的命运与朱栋如出一辙，三十一岁去世，因膝下无子，削藩去国。到了成化二十三年（公元 1487 年），明宪宗第四子朱祐杬被封为兴王，藩地仍是安陆州。这一回，命运没有轮回，朱祐杬不仅生子，而且儿子还幸运地当上了皇帝。正德二年（公元 1507 年）八月初十，嘉靖皇帝出生在朱祐杬封地安陆州的兴王府。因嘉靖皇帝生养发迹于此，御赐县名为“钟祥”，以其龙飞之地取“钟聚祥瑞”之意而赐名。明世宗嘉靖十年（1531 年），升安陆州为承天府。所谓“天府”，一般都是天子的出生地、封地或发祥地，湖广的承天府与当时南京应天府、北京顺天府并称全国三大名府，盛极一时。

总之，安陆州是个绝大多数亲王都想去的好地方。

一个藩王只要去了一个比较理想的藩地，就能享受快乐人生吗？关键还得看皇帝对他的态度。历史无数次告诉我们，如果皇帝对哪个藩王有所不满，那这个藩王的好日子也快到头了。明宣宗朱瞻基是如何看待梁王朱瞻垍的呢？朱瞻基比这位同父异母的弟弟足足大十二岁，他看着九弟从小时候的活泼可爱转变到后来的胆小懦弱。朱瞻基认为自己的母后对此有一定的责任，但事已至此，无法挽回，因此对待梁王的态度逐渐由疼爱到怜爱，最后到溺爱。

朱瞻基为朱瞻垍做了这么几件令人感动的事情：

一、提供优厚俸禄。

《明史》记载："宣德初，诏郑、越、襄、荆、淮五王岁给钞五万贯，惟梁倍之。"梁王没有为大明建功立业，俸禄却是其他亲王的一倍，唯一的解释就是明宣宗想以此安抚梁王，安抚郭氏家族，朱瞻基从心底里觉得亏欠九弟。当然十弟朱瞻埏也是无辜受害者，只是十弟自小体弱多病，恐难以承担藩王之责，于是便把这个最小的弟弟一直留在京城，方便亲自照顾，并给他安排一个重要但不算辛苦的职位——大明首席祭祀官。

二、惩治王府宦官。

王府承奉司和王府长史司是明朝宗藩的两个主要附属机构。王府承奉司是亲王府宦官机构，对接的是京师大内，主要负责人事行政，具有管理责罚王府人员的权力。王府长史司相当于大管家，替亲王处理王府各项事务，同时，定期向皇帝汇报藩王的行为。王府承奉司里的宦官们极其善于察言观色，这些人很快就发现了这位梁王性格上的显著弱点——胆怯懦弱。主子畏手畏脚，奴仆们自然就变得恣意妄为。王府承奉司的长官叫承奉正。承奉正孔勤平日里见到朱瞻垍态度极其傲慢，简直到了主仆倒置、奴大欺主的地步。朱瞻垍言行稍有不顺，他就张口斥骂，甚至嚣张到竟然敢追打梁王。搞得朱瞻垍一度不堪其辱，竟然有了自杀的念头。王府长史实在看不下去了，将这些事上报给了明宣宗。明宣宗得知后极为震怒，他直接跳过了常规的侦查审理环节，下旨要求将孔勤械送京师，由他亲自处置。孔勤的党羽害怕孔勤一到京师会把他们的不法之事都抖搂出来，竟然利用各种手段逼迫梁王给明宣宗上一道为孔勤求情的奏疏。明宣宗看到这份奏疏时，完全识破孔勤一党的伎俩，连孔勤加上党羽一并处死。

《明宣宗实录》中记载:“丁亥，命梁王瞻垍械承奉孔勤送京。勤狠傲，屡侮慢王，至出詈语。又尝踢王所坐胡床仆地，迫逐王入卧内。王不能堪，欲拔刀自杀，左右救止之。事闻，上大怒，遣人执勤罪之，王奏乞宥其愚戆。上谕行在兵部臣曰:‘梁王，朕亲弟。为下人侮辱，理应罪之。而王反为救解，此必同类小人迫胁王为此奏。’遂遣敕戒王勿听群小之言，朝廷自有处置。”

虽然孔勤一伙已受到严惩,但王府承奉司的活儿还是要有人干的。后来的王府宦官暗地里依然没少欺负梁王，只不过明面上行事不敢像孔勤那么过于放肆。

三、替弟张罗婚事。

朱瞻垍第一任王妃叫作纪氏，其父亲是安庆卫指挥使纪詹，由明宣宗指婚，在宣德二年（公元 1427 年）于京城正式成婚。婚后两人感情很好，可惜纪氏身体状况一直欠佳，在成婚后九个月便因重病缠身，过早地离开了人间。虽然梁王就藩时身边带着一个宫女出身的侍妾张氏，但张氏身份低微，梁王府缺少一位名正言顺的女主人。直到后来，由于命运安排，在机缘巧合下，梁王认识了当地一个姓魏的平民家的女儿，两人很快坠入了爱河。一向懦弱的梁王执意要娶这个魏姑娘为妻。在古代，等级制度非常森严，平民之女踏入王孙贵族家只能为妾为婢，没有资格成为王妃，更别说当亲王殿下的正妃。为今之计，只有求助身为皇帝的哥哥。随即，朱瞻垍写下一封密函，命人送往京城。明宣宗看到弟弟的密函，十分犯难。怎么能既尊崇皇家礼制，又帮弟弟把这事给办成呢？最终，他想到了一个简单有效的办法：给魏氏父亲魏亨封个官。魏亨大字不识几个，做个文官是不行，会被天下人耻笑，就封一个武官。既然朱瞻埈第一任王妃出自指挥使，那这次也不能太低，但也不能太高，魏亨能力不行，那就也来个指挥使当当吧。于是，命人加紧操办，将魏亨授予南城兵马指挥使之职。万事俱备，宣德八年（公元 1433 年）朝廷册封魏氏为梁王妃，此时梁王妃魏氏二十岁，梁王二十二岁。朱瞻基除了赏赐梁王和梁王妃大量金银珠宝外，还特意赏赐王妃魏氏一件玉佩，也就是后来从梁王墓中出土的“玉叶组佩”。

这个“玉叶组佩”，长 59 厘米，总重量 328.3 克。每两片叶子构成一组，分为四层。组佩由 49 件玉饰串联而成。其中包括 32 片玉叶、4 只玉桃、4 件玉瓜、4 个石榴、2 条玉鱼和 2 只玛瑙鸳鸯。这件宝贝一般只有皇后入宫大婚之时方可佩戴，这足以证明明宣宗有多么疼爱弟弟朱瞻埈。

婚后，梁王与魏氏浓情蜜意，恩爱有加。魏氏虽然文化程度不高，但对丈夫很是体贴入微。她清楚地知道这个男人多愁善感，内心脆弱，在自己的府邸里生活得一点不像主人，于是想尽办法逗丈夫开心，给他讲述民间趣事，陪他在后花园内观鱼赏花，遛狗逗鸟，经常与他乔装出门走街串巷，体验市井生活。

宣德十年（公元 1435 年）正月，噩耗从京师传来，对梁王百般疼爱的哥哥明宣宗朱瞻基突然病逝，梁王根本无法相信，也难以接受，等反复确认消息属实后，夫妇二人哭得悲天恸地，泣不成声。又过了几年，到了正统三年（公元 1438 年）十月二十九日，燕王胞弟、年仅二十三岁的卫王朱瞻埏去世。最亲的大哥和胞弟都相继离开了朱瞻埈，梁王因伤心过度，加上自身体质虚弱，健康状况每况愈下，时刻担心自己也会命不久矣。让身边最爱的人每天快快乐乐的，就是梁王最大的心愿。既然命运让他无子嗣继任藩王，那就认命了。好在张氏为他生下两个女儿，一家人能够热热闹闹、安安稳稳地天天相伴在一起，也就足够了。反正朝廷给了他那么多俸银和赏赐，用来干些自己喜欢的事情就好。

第一，在安陆州捐建寺庙，种德积善。

朱瞻基驾崩后，其长子继位，便是明朝第六位皇帝明英宗朱祁镇。明英宗笃信佛教，大力扶持佛教文化。受其影响，梁王对封地内的佛事活动格外重视，筹建了吉祥寺、普门寺、白鹿寺等大型寺庙，促进了佛教在当地的传播，得到了明英宗的多次赞许。

第二，买各种各样的名贵礼物送给爱妃，以博佳人的欢心。

梁王墓随葬品让我们大开眼界。属于梁王妃的随葬品有七百多件（套），其中，金银首饰多达六十七件，件件都是绝世精品：有凤簪、花簪、镶宝簪、嵌玉镶宝簪等各式各样的金簪，还有缠金镯、镶宝镯，镶嵌宝石的金冠，金镶宝石戒指，双兔佩、鸳鸯佩等各种样式的玉佩，等等。据说，单单把梁王妃的金器首饰合在一起计算，保守估值就高达二十多亿元。

有人问这不是一种很好的投资方式吗？收藏这么多宝物，既保值又升值。其实在当时根本没人敢拿来投资。这些礼物虽然个个称得上是稀世珍宝，但有“王府”字样的宝物是绝对不允许在市面上交易的，违者必是死罪。明宣宗在世时，王府的经济来源有可靠保障，明宣宗龙驭宾天后，王府的收入能否还像以前那样高枕无忧，具有很大不确定性。既然这样，梁王妃为什么坐视不管，任由梁王在这上面继续花费大笔开销？难道她没有经济头脑吗？当然不是！梁王妃是出身平凡的女子，清楚收支平衡对于一个家庭的重要性，但梁王妃更多是考虑到梁王的身体情况和精神状况，她明白梁王对自己的深情厚意，这些礼物既是一种纪念，也是一种告别。既然这种最后的告别随时可能到来，不如顺从王爷的心意，坦然接受他的一番美意。若是真的发生不测，她也不会苟且偷生，誓将追随王爷一起殉葬，就让这些稀世珍宝作为他们爱情的见证永远尘封于墓穴中。

那种不测终于还是很快来临了！正统六年（公元1441年）正月十二日，梁王朱瞻垍因病去世。谥号“庄”，世称梁庄王。梁王侄儿明英宗朱祁镇辍朝三日，以示哀悼。

梁王死后，重情重义的梁王妃神情落寞，怅然若失，难以走出失去至爱的悲痛，执意为梁王殉葬，在阴间重做夫妻。梁王府承奉司迅速将梁王妃请求殉葬一事向朝廷上疏，明英宗知晓后，于心不忍，便以两位小郡主需要梁王妃抚育为由，不准她殉葬。皇帝金口玉言，不可违抗，梁王妃只得遵旨而行，担负起抚育庶女的责任。在梁王死后的第十年，两位郡主都已出嫁，日渐消瘦的梁王妃终于了无牵挂，撒手人寰。

在梁王墓中人们发现了梁王妃的墓志，上面记载：“王已疾薨，欲随王逝。承奉司奏蒙圣恩怜悯，遂降敕旨存留抚养王二幼女，仍主王宫之事。景泰二年三月十七日以疾薨，得年三十有八。”成化十六年（公元1480年），梁王妾室张氏去世，以梁庄王夫人身份安葬于梁庄王墓东北约五百米处“娘娘坟”（也有说这是梁庄王结发妻子纪氏墓）。

这里有一个细节，朱瞻垍的墓原先只留有一个单人棺椁，也就是没有打算与魏氏合葬。魏氏在奄奄一息时嘱咐女儿，她的遗愿是和梁王合葬。此时，已经距离梁王离世过了很多年，按照当时的规矩，打扰安眠之人是大忌，梁王妃是不可以和梁王进行合葬的。女儿们做不了主，此事被明代宗朱祁钰知晓，皇帝念在梁王夫妻二人恩爱一场，于是同意破例进行了合葬。那么有人就会问，梁王为什么不想合葬？

是不是他最终不爱魏氏了？我觉得回答这个问题要从梁王一生的心结谈起。他最大的心结就是殉葬。殉葬让他失去了自己的生母，这种伤痛是永远无法愈合的。梁王知道梁王妃会在他死后选择殉葬，故而为了彻底断掉魏氏这个想法而痛苦地决定单葬。明朝妇女在实际生活中已具有改嫁权，对于寡妇婚嫁与否，可以由自己决定。梁王也是想用这最后的方式表达对魏氏的爱，“夫人你千万不要陪我合葬，更不要殉葬，只要你好好活着就好，哪怕改嫁也好”。

幼年失怙，皇兄庇佑。幸得所爱，夫复何求？他人欺我、辱我、笑我、骗我，我当低头拂袖过；你若疼我、爱我、陪我、助我，我自逍遥解千愁。千金散尽，只为伊人笑；万丈柔情，唯恐岁月老。命运在酸甜苦辣中摇摆，爱情在得失满损间轮回。苦命之人切莫放弃爱与被爱的权利，薄命之人切莫放弃爱与被爱的希望。人世间情为何物？一剂“心药”罢了。医你孤独之心、医你惆怅之心、医你相思之心、医你幽怨之心，但“是药三分毒”，过量亦会加重孤独、惆怅、相思、幽怨。好在梁王与梁王妃休戚与共、生死相依，天地可鉴、传为佳话。人们之所以歌颂爱情的伟大，或许正是源于置身爱河中的人们那种甘愿为彼此不顾一切、不计代价的冲动吧！

爱情是彼此永远放不下的牵挂

大漠孤烟，哀雁南迁。苦盼君归，泪水潸潸。望穿秋水只为伊人，哭干眼眸思君幽幽。曾记否，紫禁大典天下贺，万巷迎亲车马喧？曾记否，天各一方愁断肠，北狩归来有谁怜？曾记否，幽困南宫无问津，残灯绣织到天明？苍天有泪，人间有情。仙鹤不弃，恩爱不渝。天若有情不负心，苦尽甘来赏夕曛。

宋代欧阳修有词云："尊前拟把归期说，欲语春容先惨咽。人生自是有情痴，此恨不关风与月。离歌且莫翻新阕，一曲能教肠寸结。直须看尽洛城花，始共春风容易别。"作者感慨人或许生来就容易被感情所伤，这种伤痛和它所经历的风月景物其实没有任何关系。

明朝有一位皇帝一生极具传奇色彩：被俘一年，幽禁八载，两度称帝，是明朝唯一的太上皇，他便是明英宗朱祁镇。他的一生大起大落数回，但无论是起是落，他对结发夫妻钱皇后始终情痴不变，无关风月。钱皇后对明英宗同样情深似海，甘苦相随。牵挂是一场刻骨铭心的思念，是一种淡淡忧伤的幸福，它让历经磨难的明英宗与钱皇后心贴得更近，情融得更深，爱变得更浓。

提起明英宗朱祁镇，必然想到的是大明王朝最耻辱的大事件——土木之变。

故事要追溯到永乐大帝时期讲起。永乐帝朱棣在位时，蒙古可以分成东蒙古和西蒙古：东蒙古是以北元君主为核心的鞑靼部，西蒙古是以叶尼塞河和阿尔泰山地区为核心逐渐发展壮大的瓦剌部。起初，明朝重点打击鞑靼部，导致鞑靼部势力遭受重创，瓦剌部借机壮大实力。之后，明朝转而对瓦剌发动进攻，尽管朱棣御驾亲征，但瓦剌军事实力并未受到严重损失。永乐帝驾崩后，明仁宗、明宣宗专注休养生息，全力发展经济，并未对北方发动大规模的战争。瓦剌在首领脱欢的带领下进一步壮大，脱欢已成为实际意义上的草原霸主，可以对蒙古各部发号施令。到了脱欢儿子也先掌权后，瓦剌更是依靠武力不断掠夺西域地区少数民族和野人女真的财富，这也引起了明廷高度的警觉。

对于实力远超自己的大明，瓦剌还是有所忌惮的，一直与大明通过朝贡贸易维持和睦关系。瓦剌主要向明朝进贡良马，明朝根据瓦剌使者团人数给予回赐，回赐之物价值往往是朝贡之物的数倍之多。“厚往薄来”的回赐政策充分彰显了大明帝国对朝贡使者的礼遇姿态，但也不断激起瓦剌统治集团的贪欲。

也先心想，只要虚报一下使团人数，回赐不就更加丰厚吗？于是，每次朝贡，都不断夸大人数，起初明廷也没太介意就报多少批多少。当然，负责处理此事的明英宗心腹太监王振没少从中捞好处。

直到有一次，也先报了一个三千人的瓦剌使者团名单，没想到王振这回突然较真了起来，不但按实际人数给赏，而且缩减了瓦剌报出马价的五分之四，只付了五分之一。也先当然不会忍气吞声，他向来是抢别人的东西，之前看在有丰厚的回赐，才向明朝卑躬屈膝朝贡，现在居然让自己做赔本生意，这要是传出去，威严何在？思来想去，也先觉得面对大明，瓦剌有骑兵优势，且将士个个身经百战，骁勇无比，完全没有必要惧怕明军，到大明地盘上去抢夺物资简直就是来去自由，手到擒来。

王振为什么要激怒也先？因为王振是一个不甘寂寞的人，他现在有“权”、有“钱”，唯独“名”欠缺（他也知道天下儒生都看不起他），这次就是要故意制造朝贡风波让大明与瓦剌的关系破裂，然后通过他来平息达到扬名的目的。此时，他根本没把瓦剌放在眼里，判断只要皇帝御驾亲征，明军必然士气高昂，再加上明军有数量上的绝对优势，瓦剌军队必然闻风丧胆，知难而退。只要自己第一个站出来主战并推动明英宗御驾亲征，事成之后，他就可以名垂青史，扬名立万。

王振能不能说动明英宗御驾亲征？当然能！

王振在入宫前，本是山西大同府蔚州一名多次落第的秀才，当过私塾老师，做过公立教育机构的儒学教官，还曾娶妻生子。本来日子过得悠哉悠哉，怎奈教学成绩严重不达标，按明律将被流放边关当兵，这对王振而言无论如何都接受不了。正在他想办法躲避被流放的命运时，忽然得知永乐帝正在招募读书人进宫教太监、宫女读书，思虑再三，决定净身入宫当差。王振进宫后，在永乐、洪熙两朝均未引起皇帝的注意。到了宣德时期，王振在宦官中的资历以及文化上的优势成了宫中的紧缺型人才，得到了明宣宗朱瞻基的赏识，皇帝将他调入东宫担任东宫局郎，服侍太子朱祁镇，朱祁镇与王振因此建立了深厚的主仆之情。明末清初史学家查继佐编撰的《罪惟录》记载："王振，大同人，始由儒士为教官，九年无功，当谪戍。诏有子者许净身入内，振遂自宫以进，授宫人书，宫人呼为'王先生'。宣德中，使侍太子讲读，太子雅敬惮之。"

朱祁镇登基后，对王振更是尊崇备至，言听计从，封王振为司礼监掌印太监，要知道，司礼监可是明朝宫内二十四衙门中的核心部门，司礼监掌印太监是明朝十二监中最具权势的职位，有"内相"之称。自从王振担任司礼监掌印太监后，权力欲开始极度膨胀，野心勃勃的王振逐步培植党羽，利用皇帝对他的信任和依赖不断干预朝政。

正统十四年（公元 1449 年）七月，在王振的怂恿下，明英宗力排众议，决定御驾亲征。在粮草、兵器都未配齐的情况下，两天内凑了二十万大军（号称五十万）从北京出发，王振和朝中一半大臣随行。但令王振万万没想到的是，瓦剌非但没躲，而且几路大军杀气腾腾地迎向而来。本来向着北京方向迅速撤退还是可以确保主力部队安然无恙的，然而王振为明英宗设计了一条绕来绕去的远路，只为向他在蔚州的老乡显摆一下。后又突发善心，担心大军行军会踩坏老家的庄稼，又临时决定折返原路撤军。一番折腾，也先部队终于追上明军，两路断后的明军部队一触即溃，剩余明军退到距离北京昌平仅四十公里的土木堡。随后，也先将土木堡围困，控制了附近唯一的水源。此时，明军虽然士气低迷，但从数量上仍占据很大优势。也先故意派人讲和，明英宗喜出望外，二话不说就同意了。当时明军听闻两军准备议和，认为不必再战了，纷纷出去找水喝，谁知也先大军突然冲杀过来，很快把明军杀得尸横遍野、血流成河。见此惨状，明英宗护卫樊忠义愤填膺，举起铁锤将罪魁祸首王振当即锤死。二十二岁的朱祁镇目睹这么多人因自己而死，一脸茫然，放弃逃亡，席地而坐，束手就擒。土木堡之变是明朝历史上第一次真正意义上的惨败，明朝由此开始由盛转衰。此役过后，大明精锐尽丧，北京危在旦夕。

也先虽然打赢了人生中最漂亮的一仗，使得自己的威望在众人心中达到顶峰，但摆在他面前的还有许多棘手问题需要处理。也先虽然名义上统一了草原，但其实并非草原最高领导者，只是瓦剌太师。不是也先不想当可汗，主要是他并非成吉思汗黄金家族的贵族后裔，难以得到蒙古所有部落的支持，所以他只能很不情愿地拥立鞑靼首领脱脱不花。脱脱不花一直与怀有狼子野心的也先貌合神离，瓦剌内部各势力之间也是明争暗斗。也先是一个聪明的实用主义者，他觉得可以拿明英宗做筹码，既能够向明廷不断索要好处，也能够让脱脱不花对自己更加忌惮。这个筹码可得看护紧了！由谁看管这位大明皇帝呢？这时，伯颜帖木儿主动请缨。伯颜帖木儿既是也先的弟弟，又是也先心腹爱将，这个任务交给他再合适不过了。于是，明英宗被关押在伯颜帖木儿营帐内。有意思的是，伯颜帖木儿与明英宗一见如故，交往甚密，他被明英宗的帝王气度和个人魅力所折服，竟然与明英宗结下了深厚的友谊。朱祁镇被羁留在蒙古整整一年，史称英宗“北狩”。靠着伯颜帖木儿的照顾，英宗“北狩”期间并没有像“靖康之难”中被俘的宋徽宗、宋钦宗那样在万般屈辱中苟活。也先对明英宗什么态度呢？史书上用四个字概括：“致礼甚恭”。甚至为了拉拢明英宗，也先曾提出把自己的妹妹许配给朱祁镇，不过遭到了朱祁镇的婉言谢绝。后来，也先又送了很多美女到朱祁镇帐中，又被朱祁镇一一回绝。朱祁镇心里明白，一旦成了也先妹夫，自己将会被大明子民彻底瞧不起。而那些美女，对朱祁镇而言，都只是浮云，他最最思念的人是结发妻子钱皇后。后来，朱祁镇在得知同父异母的弟弟朱祁钰被拥立为帝后，时刻告诉自己，一定要想办法回去，不为争帝王，只为余生陪伴自己的爱妻钱氏。

让我们把时间转回到正统七年（公元 1442 年），那一年的农历五月十九，十五岁的明英宗迎娶都指挥佥事（后升任中府都督同知）钱贵的十六岁女儿钱氏。这门亲事是由朱祁镇的祖母、张太皇太后一手包办。这位张太皇太后是明仁宗朱高炽的原配，是明宣宗朱瞻基的生母。朱高炽从继位到去世虽然只有不到一年的时间，但他宅心仁厚，深厚百姓拥戴，他统治时期，国力蒸蒸日上，开启了“仁宣之治”。朱瞻基也是一个好皇帝。他文韬武略，政绩卓著，在位期间吏治清廉，民生安乐，可惜三十八岁英年早逝。对于儿子之死，张太皇太后悲痛万分，还来不及从哀伤中走出，便果断拥立年仅八岁的孙儿朱祁镇继位（朱祁镇成为明朝继位时年龄最小的皇帝）。张太皇太后一生阅人无数，对未来的孙儿媳亲自把关，来看看他为朱祁镇遴选皇后的具体要求：“年十三至十五；人物丰伟；头面端方；眉目清秀；耳鼻周正；牙齿齐整；发鬓明润；身无疤废；性资纯美；言动中礼。”经过历时一年多的海选，最终，张太皇太后一眼看中钱氏。大婚之日，场面极为隆重，这是大明王朝有史以来首次同时举办皇帝大婚与封后仪式。由太师、英国公张辅，太保、兵部尚书杨士奇，户部尚书王佐担任正副使，行册封礼。钱氏头戴九龙四凤冠，身着玉色纱中单、翟纹袆衣、深青色蔽膝，配玉谷圭、玉革带、青红相半大带、五彩大绶、玉佩，在一片锣鼓喧天声中跨过大明门，被迎入紫禁城坤宁宫。钱皇后成为第一个在紫禁城大婚的皇后，也是第一个从大明门中门入宫明媒正娶迎进来的皇后。

钱皇后果然不负张太皇太后疼爱，保持温柔贤淑，举止雍容、恪守礼法，对待丈夫可谓体贴入微，明英宗对自己的皇后很是满意。婚后，钱皇后不专宠，不善妒，朱祁镇想为钱皇后父亲晋爵，被钱皇后谢绝，最终，钱贵一生都未被封爵。可惜，张太皇太后于正统七年，也就是在明英宗大婚五个月后离开人世，后世对她评价颇高，被誉为“女中尧舜”。张太皇太后早就洞察王振有野心，在明英宗继位之初，就曾召集五位重臣入宫，对朱祁镇说日后皇上有什么事情想做，一定要和这五位大人商量，他们若是不同意，千万别做。随后，张太皇太后命人将王振召来，对着跪在地上刚磕完头的王振一顿臭骂：“你伺候皇帝的起居，不过是个奴才而已，却多有不法的行为，今天，我要杀了你！”话音刚落，殿前侍卫刀已出鞘，吓得王振魂不附体，瘫软在地。多亏朱祁镇苦苦哀求，张太皇太后才肯作罢。之后，王振稍有行为不慎，但凡传到张太皇太后耳朵里，就会被拉去臭骂一顿。倘若张太皇太后没有离开人世，王振绝不敢造次，土木堡之变也不会发生。

这一边，远在蒙古的明英宗经常站在高岗上望向北京，沉浸于对亲人的无尽思念中，那一边，随着土木堡惨败的消息传到北京，顿时朝野震恐，北京城内人心惶惶，民不安枕。钱皇后、孙太后毫不犹豫地拿出自己的珠钗、首饰来兑换财物，以求私下赎回明英宗，但终究无功而返。史书记载："遣使携重金、文绮，载以八骑。""括宫中物佐之，诣也先营，请还车驾。"也先收到钱后，仍不肯放人，企图继续从明英宗身上榨取更多的钱财。钱皇后眼看明英宗回归无望因伤心过度跪瘸了一条腿，也哭瞎了一只眼。《明史》记载："英宗北狩，倾中宫赀佐迎驾。夜哀泣吁天，倦即卧地，损一股。以哭泣复损一目。"好在于谦受命于危难之际，在孙太后鼎力支持下，力排南迁之议，拥立朱祁钰登基，坚决固守京师，从而稳定住了军心和民心。军民协力，同仇敌忾，最终于谦力挽狂澜于既倒，率军击退瓦剌军队的多次围攻，取得了北京保卫战的胜利。

北京保卫战之后，也先知道明廷已不再把朱祁镇当回事了，无法从朱祁镇身上得到更多好处，再打下去只会两败俱伤，于是主动提出与明廷议和，表示只要象征性地付一笔赎金便放明英宗回去。对于朱祁镇回京，朱祁钰内心是十分抵触的，朱祁镇是嫡子，而朱祁钰是庶出，朱祁镇回来必定是个大麻烦。但于谦坚持迎回明英宗，朱祁钰深知于谦背后有孙太后的支持，代表着皇族的意愿，所以只能无奈同意朱祁镇回京。虽说表面上同意迎回明英宗，但朱祁钰故意设置障碍，他非但没有筹备也先想要的赎金，而且让瓦剌使臣给也先带回了一封"霸气"十足的敕书。明朝第一个派去瓦剌的使者无功而返，被也先臭骂一顿，灰头土脸地返回京师。眼看两边陷入僵局，尤其是朱祁钰的心思昭然若揭，众臣无人愿意接这个吃力不讨好的差事。就在所有人对迎回明英宗不抱太多希望之时，有一位貌不惊人的官员挺身而出，自告奋勇地表示愿意去瓦剌再次协商此事，并最终顺利完成这件几乎不可能完成的使命。此人便是年近七旬的都察院右都御史杨善。这个杨大人绝非等闲之辈，在土木之变中居然能够侥幸逃脱，回来后参加北京保卫战与都督王通一起提督京城守备。此人善于雄辩，圆滑机警，对明英宗赤胆忠心。可在朱祁钰看来，面前这位走路都颤颤巍巍的老臣并未有多大能耐，于是便准予他和工部侍郎赵荣一起出使瓦剌。赎金没有是吗？杨善就变卖家产，凑足银两。面对傲慢的也先，杨善镇定自若，口若悬河，把之前朱祁钰那封盛气凌人的敕书巧妙地解释为一场误会，并从长远角度替也先分析了放归明英宗将会给瓦剌带来的种种好处，也先听罢喜上眉梢，最终在友好的气氛中，双方敲定了朱祁镇回京的具体时间。启程之日，伯颜帖木儿一路护送朱祁镇至野狐岭，在行将分别时，伯颜帖木儿竟然难过地哭道："皇帝回去了，咱们也不知道什么时候才能再见面了。"朱祁镇听了一边对他好生安慰，一边也是默默流泪，暗自告知自己永远不忘此段兄弟情义。若干年后，重又坐上龙椅的朱祁镇得知伯颜帖木儿在瓦剌内乱中被杀，甚是悲伤，立即派人远赴瓦剌，把伯颜帖木儿的老婆和孩子接到大明，赐他四个儿子汉姓，均封以一定的官职。对于也先，朱祁镇也没忘记，给他立庙祭祀，但这也成为后世对朱祁镇嗤之以鼻的地方之一。

景泰元年（公元 1450 年）八月十五，历经坎坷的明英宗终于回到北京。此时，明英宗的身份是太上皇，这在朱祁钰登基的时候就已确定下来。朱祁钰心中纵有万般不情愿，也只得率文武百官出城迎接太上皇。兄弟二人见面后相拥而泣，寒暄问候。朱祁镇在接驾的人群中看到一个熟悉的身影——一个又瞎又跛的女子，认出是自己日思夜想的钱皇后，于是快步走到她跟前，笑中带泪地说道："让你受惊了！"钱氏知道朱祁镇如今每说一句话都得万分小心，稍一有误就会引起祸端，于是只是微微点头向丈夫示意，不作言语上的回应。此情此景，众人看着昔日的皇帝与皇后已不负当年神采奕奕的模样，显得如此憔悴和苍老，心中也是五味杂陈，有的在一旁默默垂泪。此时一旁的朱祁钰眼神似笑非笑，眉头微微皱起，内心盼望着这场迎归仪式快点过去。

在太上皇来京的路上，朱祁钰已经安排好了一切。朱祁钰不可能让朱祁镇居住在皇宫，而是安排太上皇住在南宫的几座破房子里。南宫不在紫禁城内，而是位于东华门外，属于明代东苑的一部分。他命锦衣卫对朱祁镇加以软禁，严密监控，连院里的大树都全部砍掉。给太上皇一家的供养费一再被削减，就连孙太后的接济也被断绝。为了维持生计，钱皇后带领南宫中的嫔妃赶制绣品，让人拿出去变卖，用以换取短缺的食物。起初，朱祁镇对这种软禁的生活极度不满，整天唉声叹气，寻死觅活，但有了钱氏的开导和鼓励，朱祁镇那颗愤懑不平的心逐渐平复下来，与钱氏、嫔妃们整天说说笑笑，日子过得惬意无比。虽然钱皇后不能生育，但朱祁镇在南宫的七年内，与嫔妃们生了三子四女（算上野史，则是生了三子六女）。

相比朱祁镇，看似朱祁钰立于权柄之巅，掌控苍生命运，但他始终快乐不起来，他时刻担心有朝一日自己会被逼无奈地将这江山归还给太上皇，因此他的神经始终处于高度紧绷状态，总觉得食之无味，身心俱疲。为什么把自己弄得这么累？首先，朱祁钰想要极力当一个称职的好皇帝，他要证明自己有当帝王的能力，因此一直勤于政事，不敢懈怠，事实上朱祁钰在位期间，大明政治、经济、文化、外交、军事等都呈现蒸蒸日上的气象；第二，从南宫不断传来太上皇朱祁镇的喜讯，一会儿某位妃子怀孕了，一会儿某位妃子临盆了，而自己仅有一个儿子，且这个儿子在被朱祁钰立为太子后，不到一年便夭折了。朱祁钰觉得这是冥冥之中老天对他的莫大嘲讽；第三，朝中大臣时不时地上书，劝谏他善待太上皇，给予太上皇更多的自由和更好的待遇，这无疑加重了朱祁钰内心焦虑不安的情绪。

景泰八年（公元 1457 年）正月十七日，沉迷丹药的朱祁钰病情突然加重，已经无法上朝处理政务。在孙太后的默许下，左副都御史徐有贞、总兵石亨、太监曹吉祥等人率领卫士一千多人发动“夺门之变”，拥立明英宗朱祁镇重新登上皇位。在寝宫中养病的朱祁钰听到外面的钟鼓声问周围人是怎么回事，周围人吞吞吐吐地回禀：“是太上皇。”朱祁钰一听便明白了，无奈地轻叹道：“哥哥做，好！”朱祁镇复辟后，朱祁钰被安排到西苑居住。仅仅过了一个月，朱祁钰就莫名其妙地死去了，终年三十岁。随后，在徐有贞、石亨等人的怂恿下，朱祁镇冤杀于谦，迫害了朱祁钰时期一批受重用的大臣。

同年三月初六，朱祁镇册立庶长子朱见深为皇太子，又封其余诸子为王。后宫历朝历代都是母凭子贵，宫中不少人纷纷讨好朱见深的生母周贵妃。深得太后恩宠的太监蒋冕更是胆大妄为，第一个跳出来向孙太后建议：“钱皇后身体残疾又无子嗣，继续做皇后恐怕有辱国体，应该参考宣德朝旧例，改立太子朱见深之母周贵妃为后。”孙太后点头默许。朱祁镇得知此事，勃然大怒，当即怒斥蒋冕，将其罢职发配，以此向世人宣告绝不换后的态度。据清代毛奇龄《胜朝彤史拾遗记卷二》中记载：“上复辟，太监蒋冕白于皇太后，谓后无子，周贵妃有子，请立周贵妃为后。上怒，立斥之。”

虽然朱祁镇一生做了很多昏庸之事，但随着年龄的增长，尤其到晚期，越来越认识到自己在选人用人上出现的严重问题，采取措施不断纠正自己的错误。一方面，他开始意识到徐有贞、石亨、曹吉祥等夺门之变的“战友”个个利欲熏心，仗着自己有功，肆意妄为，无法无天，于是择机将他们及其势力一一铲除：徐有贞被流放，石亨获罪被杀，曹吉祥因谋反被凌迟处死。另一方面，于谦死后，大明北方边境颇不平静，朱祁镇时常感叹身边无人可用，他越发认识到于谦才是国之栋梁，开始重用李贤、王翱等贤臣。《明史》这样评价李贤：“自三杨以来，得君无如贤者。”把李贤比肩德高望重的杨士奇、杨荣、杨溥。

王翱则是历仕七朝，辅佐六帝，文武双全，一生清廉。朱见深执政前期之所以做到政治清明，国泰民安，很大原因要归功于朱见深重用明英宗给他留下的这批贤臣。

天顺八年（公元1464年）正月，三十八岁的明英宗朱祁镇突然得重病，御医们都束手无策，眼看自己命不久矣，他把太子朱见深叫到跟前嘱咐说："我死后不要用人殉葬，这件事我不忍心做。从我开始这件事要废止。"在南宫那七年提心吊胆的岁月里，只有钱皇后和其他嫔妃与他相依为命，给予他莫大的慰藉。朱祁镇感恩这些和他同甘共苦的嫔妃，所以特意交代废除人殉制度。

临终时，朱祁镇仍然放不下钱皇后，要求朱见深不许改动钱氏的皇后名位，对她应当尽孝，并表示等她千秋万岁后，与自己同葬。《明英宗实录》记载明英宗遗言："皇后钱氏名位素定，当尽孝养，以终天年。""择好地建陵寝，皇后他日寿终，宜合葬。"有明英宗这样的遗命，朱见深及其生母周贵妃不敢轻举妄动，只能做一些诸如削减钱皇后及钱家待遇等的小手脚来发泄心中的不满。尽管明宪宗朱见深登基后，钱皇后与朱见深生母都被尊为太后，但一个是母凭子贵，万人敬仰，另一个则是孤立无援，无人问津。没过几年，钱太后带着对明英宗的无比思念于成化四年（公元1468年）六月病逝，享年四十三岁。为谨遵先帝遗愿，朱见深很不情愿地将钱太后与明英宗合葬于裕陵，然而心有不甘的朱见深母亲周太后暗中命人用碎石将裕陵地宫中钱太后与明英宗连通的隧道券门堵死，而自己和明英宗的隧道券门处于相通状态，以此发泄自己心中的怨气。

大漠孤烟，哀雁南迁。苦盼君归，泪水潸潸。望穿秋水只为伊人，哭干眼眸思君幽幽。曾记否，紫禁大典天下贺，万巷迎亲车马喧？曾记否，天各一方愁断肠，北狩归来有谁怜？曾记否，幽困南宫无问津，残灯绣织到天明？苍天有泪，人间有情。仙鹤不弃，恩爱不渝。天若有情不负心，苦尽甘来赏夕曛。帝王并非圣人，功过转念一瞬。平生有愧良臣，不负至爱情深。牵挂是爱情的保鲜膜，是婚姻的润滑剂，被人牵挂是一种温暖，也是一种幸福。

爱情不过是我的世界有你就足够

你是我今生之唯一，也是我存在之意义；你是我快乐之源泉，也是我知心之伴侣。生命旅程虽短，有你此生无憾！

《红楼梦》中贾宝玉与林黛玉曾有过一段精妙的问答，林黛玉因吃薛宝钗的醋，不停追问贾宝玉：“宝姐姐和你好，你怎么样？宝姐姐不和你好，你怎么样？宝姐姐前儿和你好，如今不和你好，你怎么样？今儿和你好，后来不和你好，你怎么样？你和她好，她偏不和你好，你怎么样？你不和她好，她偏要和你好，你怎么样？”宝玉呆了半晌，忽然大笑道：“任凭弱水三千，我只取一瓢饮。”一语化解了林黛玉心头所有疑虑。

“只取一瓢饮”用于帝王身上简直如同天方夜谭。古代帝王可以坐拥后宫佳丽三千，几乎没有哪位帝王愿意放弃特权，敢说自己一生只娶一个老婆。然而，明朝出现了一位另类皇帝，他做到了坚持不纳嫔妃，一生只爱一人，只宠一人，同时，又把江山治理得井然有序，国泰民安。此人就是明孝宗朱祐樘。

景泰七年（公元 1456 年），广西大藤峡民众因不满官吏盘剥，在侯大苟的领导下起事。当时，朝廷正忙于与北方瓦剌交战，未采取果断而有效的措施加以剿灭。直到后来，侯大苟以大藤峡为大本营，利用黔江和浔江的交通线不断攻陷附近郡县，继位不久的明宪宗忍无可忍，决定派兵平叛。成化元年 (公元 1465 年) 九月，在右佥都御史韩雍的指挥下，十六万大军向叛军发起进攻。起义很快被镇压下去，侯大苟被俘杀。在大藤峡一役中，所获一众因战乱而流离失所的少年男女被择其优者送入宫中。其中，有一个姑娘，原名李唐妹，出生于景泰二年（公元 1451 年），她自幼父母双亡，被亲戚收养，后来辗转到广西桂岭，被当地一姓纪的土司收养，改名叫纪筱襄。土司带她如亲生女儿，教她读书识字，唱歌跳舞。土司因参与叛乱，在乱军中被杀，纪筱襄再度无依无靠。

凭着聪慧过人、乖巧机敏，纪姑娘被选送到内书堂学习。由于学习刻苦，考试优异，顺利成为一名负责管理内藏库的女史。内藏库就是皇帝私人的小金库，这对于久居边地、身世凄苦的纪筱襄而言，已是上天给予她的莫大恩赐，因此纪筱襄特别珍惜这份来之不易的工作，每日干劲充盈，做事细致入微，从不出半点差错，得到人们的交口称赞。

突然有一天，明宪宗朱见深兴致大发到内藏库闲逛，恰巧碰到正在清点书画、器物的纪筱襄。朱见深见姑娘神色有些拘谨，为缓和气氛，便支开闲杂人等，然后详细询问了纪筱襄关于工作、身世等诸多问题。针对皇上的询问，纪姑娘对答如流，表现得落落大方，温婉可人。在内藏库暗柔的光线下，纪姑娘更显婀娜身姿。朱见深按捺不住，当即临幸了纪筱襄。之后，纪筱襄在朱见深心中逐渐淡忘。可不承想，此事过后有十个月光景，也就是到了成化六年（公元 1470 年）三月，纪姑娘产下一名男婴。关于后面的事情，民间演绎出了两个版本。

第一个版本是，朱见深最宠爱的万贵妃无意间得知此事，从此对纪氏怀恨在心，欲除掉她的孩子。万贵妃找了个理由把纪氏贬谪到安乐堂（宫廷太监患病养体之所），同时，命太监张敏将孩子悄悄溺死。张敏不忍下手，他寻思皇上至今还没有一个皇子，这个男婴应该是上天所赐，于是偷偷抚养这个孩子长大。直到成化十一年（公元 1475 年），有一天，已经二十九岁的朱见深召来张敏为之梳头时，忽然照镜叹息道："老将至而无子！"张敏扑通跪地，泣求宽恕，然后便将整件事情和盘托出，告诉皇上："您已有一个六岁的儿子。"朱见深大喜过望，火速命张敏将孩子带来相认。等见面后，从孩子的样貌更加确定张敏所言非虚。明宪宗命人赶紧告知内阁，满朝文武听闻无不雀跃欢喜，不断向皇上道贺。朱见深给孩子起名祐樘，并颁诏天下。当年十一月，立朱祐樘为皇太子。

第二个版本是，朱见深早就知道纪筱襄生了一个龙种，因担心万贵妃吃醋，就命人将母子二人安置在安乐堂。之后的几年，明宪宗都派心腹内侍全天候照顾这对母子。据明代陈洪谟《治世余闻》记载："既诞，密令内侍近臣，谨护视之。"直到乾清门失火，朱见深认为是上天在警示他，于是将自己有一个六岁大的儿子的消息公布于众，并将儿子接进宫中。万贵妃得知后，在明宪宗面前表现出特别开心的样子，提出由自己抚养孩子。当时，纪筱襄并未与儿子一起入宫，天下人为此议论纷纷。据《明宪宗实录》记载，有大臣向朱见深提出建议："但外间皆谓，皇子之母因病另居，久不得见，揆之人情事体诚为未顺。伏望皇上敕令就近居住，皇上仍烦贵妃抚育，俾朝夕之间便于接见，庶得以遂母子之至情，惬众人之公论，不胜幸甚。"这里传递出这样一个信息，纪筱襄一直在安乐堂养病，朱祐樘一直在万贵妃身边抚养，现在眼看纪筱襄的病情越来越重，众臣希望把纪筱襄接进宫，让母子二人能够团聚。

第一版本有点离奇，太监张敏要瞒过皇帝和皇后，独自把孩子抚养长大，可信度值得怀疑。两个版本一致的地方是，纪氏进宫后不久病逝，年仅二十五岁。朱祐樘四月被接进宫，纪氏六月病逝，十一月朱祐樘被册封皇太子，纪氏没有看到儿子被立为皇太子的那天。但聪慧的纪氏已然猜到儿子被带入皇宫，说明儿子已被皇室认可，有望将来继承皇位，所以死去时应该了无遗憾。纪筱襄死后不久，张敏也突然吞金自杀，万贵妃自然成为最大嫌疑。明宪宗生母周太后生怕皇孙有任何闪失，于是决定让朱祐樘住在自己的仁寿宫。尽管有太后和父皇的百般疼爱，但童年的阴影，母爱的缺失，加上身处规矩多如牛毛的深宫高墙内，朱祐樘的内心始终缺乏足够的安全感。由于忌惮万贵妃的权力，生怕为自己招致飞来横祸，所以太监、宫女等没有一个敢亲近太子。这一切，聪明的朱祐樘心里都明白，却找不到值得信任的人可以倾诉。他经常在太后和父皇面前挤出笑脸，待他们走后，一个人在四面高墙的庭院里举头望天，任凭过往的浮云或飞鸟在湛蓝的高空中自由掠过。

在孤独、寂寞和不安中，朱祐樘渐渐长大。岁月匆匆，时光荏苒，不知不觉时间来到了成化二十三年（公元 1487 年），太子已至适婚年龄。明朝皇室开始为十七岁的朱祐樘张罗选太子妃，最终一名姓张的十六岁姑娘力压群芳获得明朝皇室的一致认可。这位张氏，历史上没有留下她的全名。只知道她是河间府兴济县（今河北省沧州市沧县兴济镇）人。张氏的父亲名叫张峦，只是一个国子监的监生。看似两家地位悬殊，但明朝挑选皇后，并不太喜欢名门望族，主要是怕外戚专政，对皇权造成威胁。因此，出身书香门第的张氏完全符合明朝皇室挑选太子妃的标准。张姑娘肤白如雪，俏皮动人，美丽聪慧，知书达礼，性格活泼爱笑，而且身怀多项才艺，深得周太后喜爱，这年二月初六，朱祐樘与张氏在举国上下一片祝福与欢庆声中完婚。

尽管朱祐樘是完全被动地接受皇室安排的这场婚姻，但他内心还是感到无比喜悦的。因为他一直十分渴望身边有一个知冷知热，且能让他开心自在的女孩出现。这种爱与被爱的奇妙感觉，以前只能在古文中去想象、去体会，当一个体贴、可爱，又有点小任性的张姑娘进入他的生活时，朱祐樘心中顿时产生从未有过的幸福感，他只想牢牢地抓住这份幸福，只想与张氏一生一世白头偕老。

新婚燕尔，卿卿我我，二人沉浸在你侬我侬之中。而明宪宗朱见深却整日愁眉不展，茶饭不思。因为这年正月，明宪宗一生最爱的女人万贞儿（万贵妃）突然暴病去世。这个万贵妃原是朱见深幼时负责照顾他的宫女，比朱见深足足年长十七岁。当时，朱见深的父亲朱祁镇被明代宗朱祁钰软禁于南宫，朱祁钰又下令将朱见深与生母、太后分开，朱见深身处险境，万贞儿是唯一始终陪伴朱见深左右的人。朱见深继位后，万贞儿的地位立刻扶摇直上，尽管因身份低微无缘封后，但还是被破格封为贵妃。后来，正宫娘娘吴皇后嫉妒万贵妃得宠，就找了个理由将万贞儿施以杖刑，惹得明宪宗大怒，就此将吴皇后打入冷宫。可见，朱见深对万贞儿多么宠爱有加。万贵妃去世后，明宪宗主持爱妃的葬礼，葬礼以皇后规格举行。尽管如此，依然无法抚平明宪宗心头的伤痛，心上人已赴黄泉，朱见深心如槁木，就在万贞儿离世后的同年九月，明宪宗因为悲伤过度而崩逝。

随即，朱祐樘登基继位，是为明孝宗。那年农历十月十五日，张氏被册立为皇后。按常理来说朱祐樘现在已是一国之君，皇后已定，下一步可以让官员帮他张罗后宫佳丽。历朝历代官员对这种事总是乐此不疲，因为这绝对是讨好皇上的美差，皇上只要龙颜大悦，自己必然官运亨通。正当官员们把心思用在为皇上选妃时，朱祐樘却在朝堂上宣布："今生今世，我有张皇后一人足矣!"这简直惊掉了群臣的下颚。一夫一妻？这是开历代帝王之先河啊！明宪宗已经算是古今罕见的痴情帝王了，怎么他儿子比他更有过之而无不及啊！众臣心里想，可能是皇上年轻气盛，所言不过是脑子发热后的冲动之语。皇上现在还年轻，等过几年对一夫一妻生活厌倦了，自然会重新考虑纳妃。有意思的是，这位明孝宗的确与众不同，宠妻之久、宠妻之深，将一再刷新文武百官的认知。

按照明朝后宫制度，皇帝与皇后都应各居一所宫殿，不能同起同寝，也就是说皇后陪伴皇帝再晚也不能通宵留宿，等告别皇帝出了房门后，由宦官手持火把，护送皇后回宫休息。然而，朱祐樘可全然不顾什么宫廷礼制，他与张皇后像寻常百姓家一样，每天同食同宿。

清朝史官毛奇龄在《胜朝彤史拾遗记》中写道："笃爱，宫中同起居，无所别宠，有如民间伉俪然者。"

又据明代史学家陆楫《蒹葭堂杂著摘抄》记载，有一次，张皇后口腔溃疡，太医因为都是男的，多有不便，朱祐樘特招一位女医入宫为皇后就诊。张皇后心情烦躁，不肯配合服药。于是朱祐樘亲自给张皇后拿漱口水，然后端着药碗送到皇后嘴边，可张皇后还是使性子，紧闭双唇，瞪大眼睛佯嗔地盯着朱祐樘。朱祐樘不仅没生气，还微笑着承诺满足她各种小心愿，皇后这才喝下汤药。等皇后熟睡了，朱祐樘赶紧退出寝殿咳嗽起来，原来朱祐樘刚才一直忍着没出声，生怕打扰皇后休息。据说，为了预防皇后牙痛，朱祐樘还发明了牙刷，方法是把短硬的猪鬃插入一支骨制的手把上。这些细微举动可谓用情至深，用心良苦，同时也能看出明孝宗是非常聪明的人。

明朝制度，后妃的母亲一般是不被允许入宫探望女儿的。唯独这位张皇后的母亲金氏，出入皇宫如家常便饭。有一次，朱祐樘请张皇后和岳母吃饭，等大家吃得差不多了，朱祐樘见岳母使用的是一套银质餐具，就特意送了她一套金制餐具。本以为皇后会喜笑盈腮，没料到皇后却是面色阴沉，还冷不丁叹了一口气，朱祐樘忙不解地问："皇后是觉得这桌上哪道菜做得不合口味吗?"张皇后噘着嘴说："那倒不是！只不过我母亲在宫里吃好喝好还得到了陛下的恩赐礼物，可我父亲还一口没品尝到呢?"朱祐樘听罢，连连责怪自己："哎呀！是朕考虑不周。"然后对一旁侍奉的太监大声说："赶紧给我老岳丈送同样的一席御膳去。"见公公领命转身去筹备，张皇后这才心满意足地俯身施礼谢恩。朱祐樘摆手乐道："没有外人，皇后不必多礼！"惹得端坐许久的金氏笑得前仰后合。

弘治五年（公元 1492 年）八月，张皇后的父亲张峦病逝。按照当时的规定，皇后的生父最高只能被封为伯爵（到了后来万历时期改为侯爵），个别死后被封为侯爵（爵位比伯爵更高一级）。张峦生前就被封寿宁侯，死后封昌国公，他也成为明朝第一个被追封为公爵的外戚。弘治八年(公元 1495 年),皇帝以超高规格将老丈人葬在北京香山。伤心难过的张皇后写下祭文，以表对父亲的思念之情。朱祐樘知道后也写下一篇祭文，并且专门派太监去张氏祖先安葬地兴济祭奠。弘治十一年（公元 1498 年），朱祐樘又命太监会同当地官员为皇后的先祖们在兴济修建坟茔，其规模与葬在香山的张峦坟茔大致相同。这还不算完，明孝宗竟然为岳父御制神道碑。明朝历史上，天子为臣子御制神道碑的只有三例，另外两例分别是明太祖朱元璋为大臣徐达御制神道碑、明成祖朱棣为黑衣宰相姚广孝御制神道碑。徐达是明朝开国的第一功臣，姚广孝对朱棣来说他的作用独特而重要，而张峦则是完全仰赖宝贝女儿得到明孝宗的宠爱。明孝宗觉得,有了张峦,而有了皇后;有了皇后，而有了皇储，所以，这功劳足够大了！在神道碑里直白地告诉世人:“笃生淑女，轩龙作配；诞生皇储，臣民欣慰。”这样高的规格，张峦在天之灵也该感激涕零了。还没完！明孝宗还觉得不够表达对张峦列祖列宗的感谢，于是亲笔为张皇后家庙题匾，曰“龙窝”。还有一件事情让明孝宗受到非议，由于考虑到张皇后痛失父亲而心情低落，朱祐樘竟然将寡居的张皇后生母金氏接进内宫常住。可以说，宠妻宠到完全不顾整个皇室和天下人的感受，估计其父朱见深在天有灵都会自叹不如，儿子宠妻程度远在他之上。

朱祐樘如此宠爱妻子，是不是能力平平的皇帝？非也！他是历史上公认的明君。朱祐樘即位时，大明国力凋敝、朝政紊乱，面临一副难以收拾的烂摊子，主要根源第一是内阁无能。内阁首辅万安靠攀附万贵妃上位，一门心思溜须拍马，大肆敛财，其他内阁也效仿之。第二是宦官专政。太监梁芳仗着万贵妃宠信，利用各种手段疯狂敛财。其党羽被派往各地寻衅滋事，搜刮民脂民膏，令百姓苦不堪言。第三是妖僧妖道在朝中作乱。僧人继晓勾结太监梁芳成功骗取明宪宗信任，成为皇帝御用丹师，把宫中搞得乌烟瘴气。还有一个叫李孜省的人，知道明宪宗相信方术，同样勾结梁芳，以符箓进献明宪宗，得到皇帝赏识，被留在身边使唤。后来他以万贵妃的兄弟们为外援，开始干预政事，主要干跑官卖官的事情。第四是以万贵妃的外戚家族为首的奸臣为非作歹。万贵妃兄弟万通、万喜等人与梁芳勾结，常以为宫中办差为由，掏空库银，乱授“传奉官”，并打击谏言者。什么是传奉官？就是不经吏部，不经选拔、廷推和部议等选官过程，由皇帝直接任命。可见，明宪宗后期逐渐走向昏庸之路。朱祐樘君临天下后，首先给朝廷内外进行了一次大换血：将内阁首辅万安罢官；将梁芳降为南京御用监少监，退居家中；将李孜省流放，将继晓判以死刑；将万通、万喜等下狱，后释放回老家；革除传奉官两千余人。整个过程，明孝宗没有大开杀戒，更没有牵连更多的人，既体现了雷霆手段，又展现了仁厚贤明。

用人方面，朱祐樘重用一批有才能的老臣，弘治元年（公元1488年），以六十一岁的刘吉（首辅）、六十岁的徐溥和五十五岁的刘健组成内阁。这一年，七十二岁的王恕被任命为吏部尚书，六十七岁的丘濬被任命为礼部尚书，六十三岁的李敏被任命为户部尚书，六十一岁的何乔新被任命为刑部尚书，六十岁的余子俊被任命为兵部尚书（次年因病去世），六十岁的贾俊被任命为工部尚书，六十二岁的马文升被任命为都察院左都御史（次年任兵部尚书）。弘治年间，入阁时年纪最轻的人当数李东阳，也要有四十九岁。

我们来看看，这些牛人牛到什么程度！

先说说内阁中的牛人。刘吉是明宪宗时期“纸糊内阁”唯一留下的阁老，论资排辈坐上了首辅位置，为人善于见风使舵，所以不值得评述。内阁中，朱祐樘最为器重的是曾经自己的家庭教师（左庶子）徐溥。后来，朱祐樘终于赶走刘吉，任用徐溥为首辅。徐溥也用实际行动证明自己不负明孝宗所托，成为中国历史上有口皆碑的贤相。刘健一生辅佐四帝，入阁十九年，任首辅八年，《明史》给予其极高评价："事业光明俊伟、明世辅臣鲜有比者。"如果说刘健的特点是善断，李东阳则是善谋。李东阳不仅是出色的政治家，也是著名的文学家、书法家。他还是明朝第一位谥号"文正"的大臣（"文正"是古代给予文人最高的道德评价，中国历史上仅有二十七人获此谥号）。谢迁的特点是能言善辩，同样也是明朝五位谥号"文正"的大臣之一。正是内阁上下团结一心，各尽所才，尽心辅佐明孝宗，明朝才出现了"弘治中兴"这样一段太平盛世。

再看看其他人的功绩：

王恕，与马文升、刘大夏合成"弘治三君子"，又与李东阳、杨一清被称为"楚地三杰"，明朝著名政治家，一代大儒，为朝廷引荐了一大批栋梁之材。

马文升，既是政治家，又是军事家，担任兵部尚书期间，开启了以屯田、马政为重点的一系列军事改革，后担任吏部尚书，裁汰冗官，选任贤能。

刘大夏，明朝著名的政治家、军事家、水利学家、文学家。他在整顿吏治、绥靖地方、拟定制度等方面颇有才干。

丘濬，明代著名政治家、理学家、史学家、经济学家和文学家，被誉为"有明一代文臣之宗"。他认为南宋著名理学家真德秀著的《大学衍义》对于治国平天下的条目叙述得不完备，于是博采群书耗费十余年心血，写成《大学衍义补》。朱祐樘读后极为认可这部著作，下令礼部组织力量刊行此书，颁发给全国教育机构。书中首次提出劳动价值论，比英国和法国著名的古典经济学家威廉·配第和布阿吉尔贝尔还要早近两个世纪。他被列宁称为“中国十五世纪最杰出人物”“人类中世纪最伟大经济思想家”。

李敏、何乔新、贾俊也都是清正廉洁、勤政务实的贤臣，这里不一一评述。

明孝宗在位时期，除了“文治”耀眼外，“武功”也是可圈可点。早在明朝初年，为了巩固和维护对河西走廊一代的统治，明朝在吐鲁番一带设立哈密、沙洲等卫所，称作关西七卫，头领是蒙古各部贵族。明宪宗后期，吐鲁番占领哈密。到了朱祐樘在位时期，明军先后三次收复哈密。其中，当数弘治八年（公元 1495 年）十二月，由许进、刘宁率军收复哈密的意义最为重大。此后明孝宗趁热打铁，重建了关西七卫，恢复了明朝对西域的控制。面对统一东蒙古各部的达延汗，明孝宗毫不示弱，贺兰山一战达延汗的人马被击破。

如此了得的文治武功，难怪明朝末年内阁首辅朱国桢曾说：“三代以下，称贤主者，汉文帝、宋仁宗与我朝之孝宗皇帝。”

应该说，朱祐樘如此贤明，如此深受臣民爱戴，张皇后也是有很大功劳的。她没有整天黏着丈夫，没有干预朝政，对丈夫取得的成就予以鼓励和赞美，让明孝宗能够安心处理国家大事，全力支持朱祐樘当好一代明君。朱祐樘勤勤恳恳，每天都坚持早朝，恢复了早已废弃的晚朝制度。除了忙于朝政，朱祐樘休息时间全都给了张皇后，他不愿意张皇后感到一丝孤独寂寞，每天再忙再累也要抽出时间陪伴张皇后，无论张皇后在自己面前撒娇、搞怪、使性子，甚至偶尔拌拌嘴，朱祐樘都觉得特别舒心自在，日子过得和和美美，其乐融融。

但有一件事不太顺心，二人婚后最初几年没有得到一个皇子。明孝宗非常着急，在宫中大建斋祀、烧香拜佛、求神问卦，以期求子。弘治四年九月二十四日（公元 1491 年 10 月 26 日），张皇后终于生下了第一个儿子，就是后来的正德皇帝朱厚照。朱厚照幼时不但面貌清秀俊朗（史书记载“粹质如冰玉，神采焕发”），而且天资聪明，学什么都很快。明孝宗不愿意儿子重返自己儿时充满压抑和教条的成长环境，因而主张充分尊重孩子天性，放任其个性发展。朱祐樘观察到儿子活泼好动，非常喜欢弓箭骑射，就给予他极大的鼓励，希望儿子将来能成为像朱元璋和朱棣那样文武双全的圣君。孩子没有玩伴那会很孤独，快乐的童年怎么可以少了玩伴？于是安排太监刘瑾陪伴太子左右。结果，朱厚照彻底快乐了，随侍太监刘瑾变着花样教小殿下玩乐，再加上张皇后的溺爱，太子逐渐无心用功读书。朱祐樘整天忙于治国理政，偶尔抽出时间和孩子接触，见到的都是太子在面前乖巧懂事的样子，听到的都是身边人对太子的不停夸赞，从而误认为自己对儿子的教育方式非常成功。最终，明武宗朱厚照在宦官刘瑾的引导下成了一个特立独行、贪玩任性的皇帝（虽然后来诛灭了刘瑾，但依然行事荒诞不经）。

除了长子朱厚照，张皇后还生下一男一女，但都不幸夭折。1496 年，朱厚照弟弟朱厚炜死时年仅一岁。1498 年，妹妹太康公主朱秀荣病逝，年仅四岁，朱祐樘悼惜不已，为此辍朝一日。

弘治十七年（公元 1504 年）五月，明孝宗的祖母、明宪宗的生母、明英宗的贵妃周太皇太后去世。想起祖母以往对他的抚养与疼爱，朱祐樘伤心欲绝，哭成泪人。亲人的接连逝去，使得一向重视亲情的明孝宗精神上不断遭受沉重打击，加上天天为国事操劳，日理万机，宵衣旰食，才三十余岁就出现了诸多衰老体征。次年（公元 1505 年）五月，积劳成疾的明孝宗身体被彻底拖垮，年仅三十六岁就病入膏肓。

朱祐樘在生命弥留之际向大臣们嘱托后事时仍然不忘提起张皇后，他动情地说自己能够和张氏成亲是他此生最幸运的事，当时他的意识已经逐渐模糊，但仍然记得自己和张皇后的结婚纪念日，在场的人无不为之动容。随后，将辅佐太子朱厚照的重任交给了刘健、李东阳、谢迁等人，带着万分不舍在农历五月初七（6 月 8 日）驾崩于乾清宫。

张皇后此后的余生并不一帆风顺。身为太后，本应坐享荣华，可上天在夺走她的两个孩子和丈夫后，再一次让她经历了丧子之痛。儿子朱厚照在位十六年，因一次在外游玩时不幸溺水引发肺炎，数月后转化为肺痨而亡。朱厚照没有子嗣，最终由朱祐樘的堂弟，也就是兴献王朱祐杬（明宪宗朱见深与宸妃所生）的儿子朱厚熜继承皇位。朱厚熜能够荣登大统，应该是张太后与朝臣商议的结果。但张太后一贯盛气凌人，根本不把朱厚熜的生母蒋氏放在眼里，执意让蒋氏在她面前行跪拜礼，令嘉靖帝朱厚熜从此怀恨在心。后来，张太后的两个弟弟到处为非作歹，胡作非为，嘉靖帝命人将兄弟二人绳之以法，一个死在狱中，一个被关押十四年之久，张太后曾长跪不起，苦苦哀求嘉靖帝放过其唯一的至亲，还是不得嘉靖帝原谅。嘉靖二十年（公元 1541 年），晚景凄凉的张太后溘然长逝，享年七十一岁。死后与明孝宗合葬在位于笔架山东南麓的泰陵。

千宠集一身，厮守至来世。谁说君王家，无有痴情人？都说帝王坐拥三千佳丽，自古天生薄幸。都说后宫争宠不休，红颜命运多舛。都说痴情帝王难成大业，都说恃宠娘娘祸从天降。殊不知国以家为基，家以爱为根。倘若普天之下，都能夫妻和睦，情深意浓，尊老携幼，勤俭持家，那么百业可兴，万事可成！你是我今生之唯一，也是我存在之意义；你是我快乐之源泉，也是我知心之伴侣。生命旅程虽短，有你此生无憾！

爱情是久处不厌的喜欢

书林漫步，共沐书香。
艺海泛舟，扬帆同航。
久处不厌，爱意绵绵。
谁说才子，风流不羁？

李清照在《蝶恋花》中道:“暖雨晴风初破冻，柳眼梅腮，已觉春心动。酒意诗情谁与共?泪融残粉花钿重。”这种春心萌动的欲望，是爱情必需的催化剂。欲望不死，爱情不灭!

爱情的本质是什么?爱情的本质是吸引。

只有专情之人相遇，才会久处不厌，爱情永固。如果爱情有最高之境界，我想应该是“久处两不厌”。下面故事中的才子佳人为我们演绎了这种看似平凡却鲜有人做到的至高境界。

明代中叶开始，随着商品经济和城市化的发展，在京杭大运河的带动下，苏州较早出现了资本主义生产关系萌芽，从而促进苏州的社会经济文化达到空前繁荣。苏州府成为全国最大的交易市场、全国经济文化中心、京杭大运河南北商品集散地。明代文臣王士祯高度评价苏州，称之为“天下第一富郡”。富甲天下的同时，也带动了江南士绅对文化艺术等精神享受的极致追求，涌现了一大批出类拔萃的苏州文化名人。明代文化巨匠文徵明便是其中非常具有代表性的人物，他集画家、书法家、文学家、鉴藏家于一身，作品独树一帜，饮誉天下，在文化技术领域作出了诸多开创性的贡献。

成化六年十一月初六(公元1470年11月28日)，文徵明出生在苏州府长洲县德清桥西北曹家巷的一户书香门第。文家先祖与南宋丞相文天祥同族，以军功入世。文徵明曾祖父入赘苏州人张声远家后，于是迁居苏州长洲。祖父文洪弃武从文，通过自身努力，中得举人，担任涞水县学教谕。在文洪言传身教和悉心培养下，文徵明父亲文林、二叔文森、三叔文彬都考中进士，成为国之栋梁。

其实，文徵明本名文壁，徵明是他的字。他有一个哥哥叫文奎，一个弟弟叫文室。因为祖父辈名字中含水，父辈名字含木，按五行排列，到文徵明这辈名字里都含土。父亲文林为孩子们取名时，参照天上的星宿，选取了奎宿、壁宿和室宿三个带土字的吉星。古人认为壁宿主管文章，所以“文壁”这个名字，充满了文家人对文徵明的殷殷期待。

文徵明母亲祁氏，全名叫祁守端，出身商贾之家，家境殷实，从小受到良好教育，诗画俱佳，尤擅工笔画，得到过画坛诸多名家的交口称赞。

成化八年（公元1472年），文林考中进士。两年后，朝廷安排他去温州永嘉担任县令。妻子祁氏携幼子前往永嘉县。懂事的文徵明平日里喜欢安静地站在母亲身边看她作画，久而久之，耳濡目染，对绘画产生了浓厚的兴趣。令人叹息的是，文徵明六岁那年，母亲不幸去世。文徵明思念母亲时，总会偷偷拿出母亲生前的画作，一边聚精会神地看画，一边追忆母亲绘画时的神情与动作。文徵明清晰地记得母亲完成画作后常会兴奋地一把抱起他，对他讲述很多很多开心的事情，有的是关于绘画的创作，有的是关于生活的趣事。虽然有时讲的内容令文徵明似懂非懂，但看到母亲快乐的样子，自己也会跟着快乐，这也是文徵明儿时最美好的记忆，母亲银铃般的笑声仿佛至今都萦绕在画室之中。

父亲因公务缠身，无法照料孩子，只得将文徵明寄养在苏州的外祖母家。文徵明小时候生性迟钝，据说到七岁了还不太会说话。外祖母舐犊情深，精心照看文徵明，不让任何人欺负自己的小外孙。文徵明虽然口语表达不清，但十分乖巧懂事，他从不调皮捣蛋，有空时，不是帮外祖母做些简单的家务，就是拿着纸笔在屋内天马行空地随意涂鸦。到了十一岁，家里人见文徵明稍微能够流利地讲话，便送他上私塾念书。父亲寻思儿子读书起步已经比别的同龄孩子迟了许多，必须抓紧请最好的老师为他启蒙开悟。找谁呢？吴宽！吴宽也是苏州人，著名诗人、散文家、书法家，是文林的同科进士，更厉害的是，他在那一年的会试、廷试中都是第一名，为明朝历史上苏州府涌现出的第二位状元，一生担任过弘治帝朱祐樘、正德帝朱厚照两代帝师。此时，正好吴宽因继母去世在苏州守丧。在文林的安排下，文徵明拜吴宽为师。吴宽先生十分善于结合学生的兴趣爱好进行授课，文徵明对吴宽讲授的诗文创作和古典艺术很感兴趣，吴宽便不遗余力，悉心点拨，心智晚熟的文徵明在吴宽的指引下，凭着自身不断刻苦努力，终于开窍，尽管行为举止上看似有些木讷，但各方面能力均与其他同龄孩子无异。

此后，文林数次调迁都将文徵明带在身边亲自教导，耐心传授为人处世之道，鼓励儿子说："只要你坚持以勤补拙，笃志力行，虚怀若谷，不耻下问，将来一定会取得成功。"经过不断历练，文徵明不仅不再"呆傻"（原来也不傻，只是反应慢），而且继承了母亲绘画的天赋，虽然水平还很不专业，但已经展露出绘画艺术的潜质。

文徵明十六岁那年，返回苏州故里。一次偶然的机会，在距离外祖母家不远的阊门吴趋里皋桥，文徵明结识了一位风趣幽默的画友，名叫唐寅（唐伯虎），从此以后，彼此成为相伴一生的挚友。二人同岁，唐伯虎稍微年长文徵明几个月。唐伯虎又将另一个朋友祝允明（祝枝山）介绍给文徵明认识，祝允明年长他们九岁，为人风趣洒脱，才华横溢。这三人都喜欢舞文弄墨、吟诗作画，很快成为莫逆之交。

在文徵明十七岁时，文林被提拔为南京太仆寺丞（正六品官职），文徵明作为官属，又随父亲去了安徽滁州。在那里，文徵明开始跟随父亲的同僚太仆寺少卿吕常学诗，两人亦师亦友，成了忘年之交。无形中，年少的文徵明逐渐加入由与父亲私交甚密的文人雅士所组成的朋友圈，其谦虚好学和尊师重道的品质赢得了众人良好的口碑。

弘治元年（公元 1488 年），由于要参加院试，文徵明从滁州回到家乡，结果发挥稳定，不负寒窗苦读，成为乡里的一名秀才。

自从担任南京太仆寺丞后，文林在滁州待得特别不自在，太仆寺主要管理马匹，寺丞也不是太仆寺主要负责人，文林觉得整日无所事事，于是经常称病请假溜回苏州。

文林每次回到苏州家中，总是发现文徵明闷头在书房里挥笔作画，对绘画简直到了痴迷的地步，不免有些担心，生怕儿子荒废学业，耽误前程。虽然文林交际极广，结交了诸多当世一流的画家朋友，但文林一直没有为儿子引荐。其实，文徵明对自己的画作并不满意，自知绘画技艺很不成熟，与唐寅、祝允明相比相去甚远，于是开始四处拜师学画。儿子执着的精神最终打动了父亲，文林终于同意帮他物色最出色的绘画老师。

放眼整个苏州府，绘画名家数不胜数，当世画坛顶级宗师就有两位——沈周和周臣。文林毫不犹豫地向儿子引荐自己的好友沈周。沈周是吴门画派的创始人，吴门画派可谓是撑起明代中晚期绘画半边天的一个派别。唐伯虎九岁就拜沈周为师学画（据说沈周常去唐伯虎父亲开的酒馆喝酒，从而认识了喜欢画画的小唐寅）。祝允明也拜过沈周为师，沈周为人和善，没有什么架子，可以说苏州城内画界响当当的人物或多或少都向沈老先生讨教过绘画技艺。文徵明久闻其名，仰慕不已。直到二十岁时，经父亲安排，文徵明在苏州承天寺有幸观看了沈周先生作画《长江万里图》，更加深了对沈先生的仰慕之情。当得知文林父子来意后，沈周一开始并未同意收文徵明为徒，因为他觉得文徵明不如唐伯虎那样天资聪明，应该把精力放在考取功名上，学画之事可以从长计议。但在文林、文徵明父子的再三恳请下，碍于情面，还是答应了下来。让沈先生绝对想不到的是，这个“笨少年”从此一路追随自己二十余年，对绘画痴心不改，耕耘不止，画艺达到炉火纯青、登峰造极的地步，竟一跃成为吴门画派未来的领袖人物。值得一提的是，另一位画坛顶级宗师周臣也是明朝美术史上的关键人物，著名职业画家，画法主宗南宋院体画风。唐伯虎最终选择走周臣的风格，与仇英一起成为周臣最得意的两名弟子。至此，中国画史上赫赫有名的明四家（又称“吴门四家”）继而诞生：沈周、文徵明、唐寅（唐伯虎）、仇英。

科举考试是古代学子步入官场并大展宏图的跳板，中了秀才的文徵明下一步则是要力争参加乡试的资格，而要拿到这个资格并不轻松，条件是必须在岁试（对秀才每三年考两次的考试，成绩优异者有资格参加科试）和科试（对岁试成绩优异的秀才每三年考一次的考试，通过科试的秀才有资格参加乡试）中成为佼佼者。岁试成绩分为六等，一、二等可以参加科试（评为一等的秀才能领到廪饩，相当于奖学金）；三等相当于学业“合格”，不赏不罚；四等到六等均要受相应的责罚。文徵明在岁试时，只被评为三等，原因竟是阅卷老师嫌弃他字写得太难看了。文徵明虽然上学较晚，但起步较高，书法上得到过吴宽等大书法家的指点，加上其本人非常刻苦，写出来的字不至于丑吧？应该不丑，但也谈不上美，因为吴宽并没有太多时间系统、全面地教授文徵明书法（吴先生守孝三年后便匆匆离开苏州回到京师复职）。从另一方面，可以想象当时苏州秀才们的书法水平普遍都很高。

既然书法差，那就请当今最有名望的书法老师教吧！文林的交际可谓通天，这一点，真的是让当时的学子都羡慕文徵明有一个“好爸爸”。当时，文徵明正在滁州陪伴父亲。而这个位于滁州的太仆寺竟是藏龙卧虎之地！明代大书法家李应桢恰好在那里任太仆寺少卿。李应桢何许人也？他曾担任中书舍人，专门负责帮助皇帝起草诏书。李先生书宗欧阳询，其字平正婉和，清润端方，自成一家。同时，他也是篆隶楷行草五体皆通的大才子。李应桢不但是文林的同僚和同窗挚友，还是祝允明的岳父，所以文林把事情一说，李先生欣然同意收文徵明为徒，一有空便耐心传授他书法技艺。正是有了李应桢的指点，文徵明才真正进入书法艺术的殿堂。

文徵明母亲去世较早，文林对儿子的成长丝毫不敢懈怠，无论是教育还是生活上总有操不完的心。转眼间，文徵明的终身大事摆上了日程。正巧有一年，文林身居故里，他的好友吴愈上门拜访。吴愈是成化十一年（公元1475年）的进士，苏州昆山人，此时正任四川叙州府（今四川宜宾）知府，因过年回乡探亲才有机会与好友文林一聚。老友重逢，相谈甚欢，转瞬间，不知不觉月上阑干，酒至微醺，吴愈借着酒劲感慨地道出心事：自己有三个女儿，大女儿和二女儿已经婚配，现在唯一的心愿就是盼望小女儿嫁得如意郎君，往后小两口可以留在苏州，他在四川为官也就安心了。说者无心，听者有意。文林立马觉得这不正是天赐良缘吗？于是便把儿子文徵明的情况和吴愈说了，吴愈特别高兴，两人酒越喝越顺，话越唠越多，就把儿女们的终身大事给定下了。文徵明是一个出名的孝子，也十分敬重吴愈的为人，于是坦然地接受了这桩婚事。

弘治五年（公元1492年），二十二岁的文徵明与吴愈三女儿吴氏成婚。吴氏与文徵明同岁，相貌清秀，温婉端庄，天资聪颖，知书达礼。身处繁华喧嚣、纸醉金迷的苏州府，对于如花似玉的妙龄女子，文徵明可谓屡见不鲜，但吴氏身上高雅自信的气质深深吸引着文徵明。吴氏不仅上得厅堂下得厨房，而且对绘画、书法等艺术也有自己独到的见解，这多少与她的家族背景有关。吴氏的外祖父是明朝大画家夏昶，以一手墨竹画冠绝天下，夏昶的哥哥夏昺是明朝书法家，也擅长画竹石。吴氏从小耳濡目染，潜移默化，对绘画与书法艺术具有非比寻常的鉴赏力。婚后，文徵明平日里除了出门访师会友之外，就是闭门苦练，精进不辍。有时候看见丈夫在书房废寝忘食的样子，吴氏心疼这样下去会伤及肠胃，便亲手熬上一碗莲子羹然后小心翼翼地端过去，等他把热羹全部喝完才安心做自己的事情；为节省丈夫翻找典籍资料的时间，吴氏会翻遍书海，仔细寻觅，找到后以最快速度送到丈夫手中；唯恐丈夫练习绘画或看书时间久了肩背酸痛，吴氏会静静地等待他将手里的事告一段落后帮他揉肩捶背……久而久之，两人彼此之间形成了某种默契，在不知不觉中，习惯了唯有对方在身边才能安心做好自己的事情。

文徵明如果有事几天不能回家，都会主动给吴氏写信报之平安，聊些家常，返回时还不忘带点小礼物。文徵明在家信中，一直称吴氏为“三姐”，流露出对妻子的尊敬、信任和宠爱。文徵明有一封给吴氏的家书留存至今，被上海博物馆珍藏。“不知出殡事如何，曾砌郭不曾？前银不彀用，今再二两去。凡百省事些，再不要与三房四房计，我当初两次出殡，不曾要大哥出一钱，汝所见的。千万劝二官不要与计较，切记，切记。明付三姐。”大意是详细询问家中情况，问银两够不够，不要与大哥大嫂计较，字里行间透露出对吴氏的关切之情，文徵明体会到吴氏持家的难处，生怕她处理不好与兄嫂的关系。

作为名人，古往今来，老百姓免不了会把他们的风流韵事拿来当作茶余饭后之资。对于文徵明，老百姓非但找不出任何关于他的花边新闻，而且流传着这样一个关于文徵明和吴氏恩爱有加的有趣故事：弘治年间，由于明孝宗为政宽仁，对官员纵情饮酒不再处罚，士大夫狎妓成了一种社会风气。唐伯虎、祝允明等都是出了名的风流才子，经常会花天酒地，听歌狎妓，但每次叫上文徵明，都被他找各种理由推脱个一干二净，朋友们多少有些扫兴。天性顽皮的唐伯虎便想出一个主意，打算跟文徵明开开玩笑。有一次，在唐伯虎的组织下，邀请文徵明、祝允明等几个要好的朋友一同结伴出游，泛舟石湖，饮酒赏景，吟诗作对。如此雅事，文徵明怎能错过？于是告知吴氏后，文徵明欣然前往。一行人在大船上吟诗作乐，谈笑风生，在美酒佳肴的助兴下，领略着风光旖旎的石湖风景，畅享悠闲惬意的美好时光。不知不觉，众人已喝到酒意正浓之时，唐伯虎见文徵明已面色泛红，忽然冷不防转身招呼预先藏在后舱里的名妓们出来，吩咐她们伺候好今日的主角文徵明。姑娘们早有准备，各施手段，摇曳着不同的妩媚身姿，笑逐颜开地向文徵明围拢过来。文徵明一时猝不及防，面露惊慌之色，脚步连连倒退，高声劝阻姑娘们别靠过来，并做出了准备跳河的动作，唐伯虎等人见状，在一旁笑作一团。由于生怕文徵明真干傻事，万一有什么闪失不好向文府交代，唐伯虎便招呼姑娘们赶紧退下，向文徵明作揖赔不是，并将文徵明扶上另一叶小舟送往府上，这才结束了这场闹剧。吴氏知晓事情经过后，哑然失笑，她为丈夫的举动甚是欢喜，庆幸自己找到了好归宿。她知道唐伯虎等人只是和丈夫开个玩笑，并非恶意捉弄，故而丝毫不介意丈夫与唐伯虎等人继续做朋友。

弘治八年（公元 1495 年）秋，二十五岁的文徵明第一次赶赴南京参加乡试，考试不中。妻子为他打气，对他说："没有关系，首次参加乡试，发挥不好很正常，一起加油，期待下次。"文徵明也没太在意，他相信只要自己不懈努力，终有不错的回报。

明朝乡试三年一次，转眼间，花开花落，寒来暑往，又到了乡试之期。这一回，卷土重来的文徵明与唐伯虎结伴而行，两个好哥们期待着成为同科举人。结果，二人成绩有天壤之别：文徵明再次落榜；而唐伯虎不但成功中举，而且继十六岁成为案首（秀才第一名）之后，第一次参加乡试又拿了第一名，荣登解元。文徵明在祝贺好友成为解元的同时，看看身边的好友祝允明、徐祯卿等都已是举人身份（徐祯卿之后又考中进士），想想自己平日这么努力依然名落孙山，产生了极大的心理落差，觉得实在愧对父亲和妻子的支持与关爱。好在家人、老师和好友的及时安抚，尤其是妻子的暖心鼓励与温馨陪伴，文徵明才逐渐走出乡试失利的阴霾。这一年，吴氏顺利产下一子，取名文彭。孩子的降生为文家带来了无限的欢乐。

同年，文林出任温州知府。知府是正四品官员，是一府的最高行政长官。文林的人生达到了最高光的时刻，文府到处张灯结彩，府中上下喜气洋洋，都在憧憬着美好的未来。

然而，人生无常，祸福难料。次年（公元1499年），文林突然因积劳成疾不幸死在任上。文林一生为官清廉，体恤黎民，深受百姓爱戴。文林死后，众人发现他的行李内只有老家带来的随身物品，竟然没有一件温州之物。温州士绅及百姓打算自愿集资为他办一场隆重的丧事，被文徵明婉言谢绝，文徵明谨遵父亲遗训，丧事从简。当地人民自发为文林筑亭建祠，以表敬重和缅怀。文林一生最大的遗憾就是没有看到文徵明考取功名。这年，吴氏又产下一男婴，取名文嘉。

文林去世后，三个儿子分家单过。文徵明夫妇的收入来源主要依靠出租门面房度日，既要抚育两个幼子，又要定期发放几名侍从薪水，生活过得越来越紧凑。由于当时文徵明的名望还不足够高，字画卖不出什么价钱，到了四十岁时，文徵明甚至被逼到向朋友借米的地步。四十二岁时，文徵明对科举彻底心灰意冷，不再渴求，想想这么多年把自己大量宝贵的时间都花在科举上，觉得很不值得。文林、吴宽、沈周等对他影响最大的几位父辈与恩师都相继离世，文徵明觉得自己有负先辈们的厚望，认为愧对“文壁”之名，于是将“文徵明”取代“文壁”作为自己正式的名字，改字“徵仲”。到了五十四岁，可能上天被文徵明历经九次乡试屡败屡战的精神所打动，终于给了文徵明入仕的机会。

嘉靖元年（公元1522年），明世宗朱厚熜登基。年逾古稀、告老还乡多年的文林生前好友林俊被新皇帝启用，担任刑部尚书，加封太子太保。林俊经常在工部尚书李充嗣面前美言，夸赞文徵明才华横溢，希望李充嗣给予关照。次年春，工部尚书李充嗣正式向朝廷推荐文徵明，加上林俊亲赴吏部斡旋，白发丛生的文徵明获准以贡生身份进京参加吏部的人事招考，考核通过后，被授予从九品的翰林院待诏（翰林院品级最低的职位），参与编修国史。文徵明在京待了三年，公务缠身的他难以激起创作欲望，无法专注绘画技法的提升。

嘉靖二年十二月二日（公元1523年1月7日），"江南第一风流才子"唐伯虎死于贫困与疾病中。文徵明每每想到唐伯虎因莫名其妙卷入受贿卖题事件而含冤断送大好前途就为之鸣不平，同时，又为唐伯虎余生大部分时光可以在桃花庵潜心习画、与诗酒为伴而心生羡慕。如今的文徵明深感日子过得浑浑噩噩，在政治漩涡中担惊受怕，所有的苦闷只有通过书信向远在江南的爱妻倾诉。吴氏也无时不牵挂着夫君，也常常寄信至京城，好言安慰丈夫。有时候吴氏实在放心不下丈夫，便千里迢迢赶赴京城来陪伴文徵明。最终，在文徵明的一再请辞下，朝廷同意他辞去官职，返回故里。

也许有人会问，文徵明明知此去京城不过是担任最为普通的公务人员而已，天命之年，放弃理想，看人脸色，仰人鼻息，到底值不值得？难道就是为了到官场上体验一把？其实，客观上讲，这三年对文徵明太值得！本来文徵明不想赴京，是妻子的强烈支持与鼓励，他才离家北上。去京城前，文徵明的家庭经济状况十分拮据，后来有了翰林待诏的官场身份，俸禄虽然不多，但毕竟有了稳定可靠的经济来源。此外，随着他社会威望的迅速提升，润笔费明显增长。文徵明无不良嗜好，定期把省下的每一笔钱都以会票形式寄往苏州老宅。吴氏很有经济头脑，她把寄来的钱一部分用于正常的生活开销，剩下的全部积攒起来，到了一定数量，她便拿出来购买田产。三年下来，文徵明大吃一惊，自己家的田租每年净收入竟高达五六百银。这也让文徵明辞官回乡去干自己真正喜欢的事情有了十足的底气。要知道，明朝时期，官员未到致仕年龄而辞官的，朝廷是不会给予任何养老待遇的，吴氏对家庭的贡献实在功不可没。反观唐伯虎，在被卷入舞弊案后，拒绝就任朝廷给他安排的小吏，回乡靠卖画艰难度日，由于不善经商，又终日花天酒地，导致第二任妻子与他离婚（结发妻子难产而死），第三任妻子操劳过度贫困交加而亡，唐伯虎晚年在消沉和落魄中郁郁而终。文徵明比唐伯虎多活了三十余年，相比而言，这三年多光阴又算得了什么?

嘉靖五年（公元 1526 年），文徵明离开京城，因潞河冰封受阻，等到次年开春，潞河化冰后，才乘舟南归。南归途中，得知好友祝允明突然病逝，文徵明不禁回忆起年少时与祝允明、唐伯虎那段难忘的逍遥时光，想到自己无法送两位挚友最后一程，瞬间情绪失控，连连顿足捶胸，痛哭不止。

文徵明抵达苏州后，很快在住所以东建造了一间书房，取名“玉磬山房”，亲手种下两株梧桐树于庭院中。此后，他不问世事，安心与文墨为伴。一个温馨的家，有妻，有子，有书房，有属于自己的时间，对年近花甲的文徵明而言便是人生中最大的幸福。同样，这也是吴氏梦寐以求的生活状态。岁月静好，时光安然，你，走不出我的视线；我，听得到你的呼吸。

嘉靖二十一年（公元 1542 年）八月，与文徵明携手走过半个多世纪的吴氏撒手人寰。一想到从此以后玉磬山房再也不会有那个对他知冷知热、关心备至的吴氏出现在面前替他洗砚、研墨、调色、铺纸，文徵明的泪水便止不住地流淌下来。

此后，文徵明没有续弦纳妾，留下了“生平不二色”的美谈。他把全部精力都投入了吴门画派和吴门书派的传承和拓新上，因其诗、文、书、画无一不精，被世人称作“四绝”全才。其小楷法度严谨，用笔精到，气韵高雅，被后世公认为明朝第一。英国牛津大学艺术史教授柯律格在形容文徵明的地位时，将他与欧洲文艺复兴艺术巨人米开朗琪罗相提并论。随着文徵明艺术影响力的不断提升，四方求学问道者络绎不绝，极大促进了苏州乃至江南地区的文化繁荣。据《明史》记载：“四夷贡道吴门者，望先生里而拜，以不得见先生为恨。”文徵明九十岁时，还孜孜不倦，笔耕不辍，为人书写墓志铭，尚未写完，“便置笔端而坐而逝”，时为嘉靖三十八年（公元1559年）二月二十日。文徵明后人也很有出息，长子文彭，担任南京国子监博士，他在中国篆刻史上，被后世尊为明清流派篆刻开山祖师；次子文嘉，吴门画派代表画家；曾孙文震孟，天启二年高中状元，崇祯时期任礼部左侍郎兼东阁大学士，曾因上疏纠劾魏忠贤而被削职为民，南明福王时，被追谥号“文肃”。

厚德笃学，惟实励新。铁笔银钩，妙手丹青。
以勤为径，以勤补拙。晨兴夜寐，终成大器。
博采众长，卓逸不群。匠心独运，传扬门派。
尊师重道，以敬为孝。重情重义，提携晚辈。
不垂美色，挚爱一人。举案齐眉，与子偕老。
书林漫步，共沐书香。艺海泛舟，扬帆同航。
久处不厌，爱意绵绵。谁说才子，风流不羁？

真正的爱情蕴含在平淡的生活里，彼此都确定离不开对方，彼此都需要另一半陪伴，彼此都欣赏各自的优点，彼此都甘愿奉献出一切。

等待是一门修炼爱情的主课

山川迢迢千险藏，生死去留两茫茫。
穷途未坠凌云志，青史不负状元郎。
桂馥十里年复年，湖光秋月人未还。
小楼遥听孤雁怨，只羡鸳鸯不羡仙。

李白在《春思》中有云:“燕草如碧丝,秦桑低绿枝。当君怀归日,是妾断肠时。春风不相识,何事入罗帏?”当远方的你一睹春草而开始思归盼归时,我早已想你盼你盼得愁肠百转。

爱情本就在期盼中孕育,在期盼中发展,在期盼中磨合,在期盼中确认。爱人之间对于久别重逢的期盼往往伴随着几分煎熬与伤感,若是这种久别带有“生死两茫茫”的味道,则容易催生断肠般的苦痛。

许多伟大的爱情都绕不开这种苦痛,明代人物杨慎与黄娥用他们独特的人生经历告诉世人:望穿秋水的等待虽然是一种苦涩的折磨,但也是一场考验爱情的修炼。也许这种等待根本改变不了命运,但足以验证二人最初燃起的那团爱情火苗是否经受得住岁月的洗礼而依旧炽热。

天府之国,巴山蜀水,钟灵毓秀,沃野千里。蜀中三千余年所形成的文脉精髓,不仅滋养着川蜀世代才俊,也孕育出一大批才女。黄娥就是其中的翘楚,她与卓文君(西汉)、薛涛(唐朝)、花蕊夫人(五代十国时期)并称“蜀中四大才女”。

涪江是嘉陵江右岸最大的支流,因流域内地处重要交通枢纽的绵阳在汉高祖时称作涪县而得名,其文脉绵延不绝,王勃、白居易、李商隐、苏轼、欧阳修、陆游等文人墨客都曾在此吟诗挥毫。历史悠久的遂宁正是沿涪江而建,因该县地处四川东部和涪江中游,道路通达,商贸兴盛,被誉为“东川巨邑”。又因孕育出了唐代诗人陈子昂、唐代文学家张九宗、宋代科学家王灼等一大批历史名人,成为久负盛名的“文贤之邦”。

弘治十一年（公元1498年），四川遂宁西眉乡皇榜石附近一户姓黄的官宦之家生下一名女婴，取名黄娥（亦作“黄峨”），字秀眉。其父黄珂是明朝成化年间的进士，当过知县、监察御史、按察使等职，深得朝廷器重，后来做官一路做到了南京工部尚书。黄娥的母亲聂氏是黄梅县尉之女，知书达礼，温文尔雅。夫妇二人共有三子一女，对于家中唯一的女儿视若珍宝，格外疼爱。

由于黄珂长期在京城为官，小黄娥便跟随父母移居京城。她自幼天资聪慧，兰心蕙质，不仅琴棋书画样样精通，而且能词善诗，尤其擅长创作散曲。黄娥十二岁便写出一首妙趣横生的七言绝句《闺中即事》:“金钗笑刺红窗纸，引入梅花一线香。蝼蚁也怜春色早，倒拖花瓣上东墙”，不仅将初春的景物描写得绘声绘色，而且将一位不堪闺中寂寞、渴望自由、热爱大自然的少女形象生动地呈现给世人。此诗一出，四野皆倾，黄娥“小才女”的雅号不胫而走。

由于古时候只有男性可以参加科举考试，所以大众对男神童的关注度明显要高于女神童。京师之地，人文渊薮，书院林立，私塾遍布，读书拔尖的少年郎不胜枚举，但若要评出一个天下人皆为叹服的“神童”来的话，非京师东城杨廷和府上的长子杨慎莫属。

先来了解一下这位“神童”的家世背景，就能知道为什么天下人会对他给予如此大的厚望。

杨家从老爷子杨春算起一门四代出了七个进士和一个状元！杨春曾是湖广提学佥事，负责当地教育工作，可见其知识之渊博。杨春的几个孩子则是青出于蓝而胜于蓝。二子杨廷仪官至兵部左侍郎，三子杨廷平和四子杨廷宣均为举人。长子杨廷和更是传奇式的人物：杨廷和八岁中秀才，创下明朝科举新纪录；十二岁中举人，成为明朝二百六十七年有记录在案的最年轻举人；十九岁中进士，比其父杨春还先考上，成为成化年间最年轻的进士。弘治四年（公元 1491 年），杨廷和因为参与编撰《宪宗实录》和《大明会典》有功升为翰林侍读并任经筵讲官，负责为明孝宗朱祐樘讲学，同时成为皇太子朱厚照的家庭教师；三十九岁被提拔为正三品詹事府詹事，五十三岁实现天下读圣贤书人终极梦想——担任内阁首辅。大明朝像杨廷和那样从“神童”到宰相的例子有很多，这也是“神童”在明朝会受到大众特别关注的重要原因。

杨慎的母亲黄氏也是学识不凡之人，她是眉州名士、国子监丞黄明善的女儿，而黄明善是杨廷和在国子监学习时的恩师。弘治元年十一月初六（公元 1488 年 12 月 8 日），黄夫人生下杨慎，取自《论语》中“慎终追远，民德归厚矣”之意。

杨慎自幼跟随母亲识文断字，熟读经书。在母亲严格的教育下，杨慎的书法与近体诗创作功力大增。不幸的是，弘治十二年（公元 1499 年）正月，杨慎母亲病故。年少丧母，令杨慎多日茶饭不思，神情恍惚。两个月后，祖母叶太夫人病逝，杨慎稍稍平复的心情再度陷入哀痛欲绝之中。按照礼制，杨廷和必须回乡守丧。杨廷和不忍丢下郁郁寡欢的爱子留在京城，于是，杨慎随父亲第一次回到位于川蜀新都的老家。

新都是古蜀三都之一，与成都、广都齐名，也是成都北大门的咽喉门户。一路上，杨慎领略到了巴蜀山川的雄秀险幽，并爱上了这片神奇瑰丽的土地。

等到了故里，祖孙相认，三代团聚，众人悲喜交集，促膝长谈。祖父很快发现这个孙儿才思敏捷，记忆惊人，于是决定亲自传授知识。祖孙俩接触时间越久，杨春越发现杨慎的学习能力与才华丝毫不输当年其父亲杨廷和。一次家庭聚会上，十二岁的杨慎模仿唐朝文豪李华的《吊古战场文》创作一文，当叔父杨廷仪看到“青楼断红粉之魂，白日照翠苔之骨”等句时，赞不绝口，啧啧称奇。杨慎接着仿作西汉文学家、政治家贾谊的《过秦论》，洋洋洒洒，一气呵成，祖父杨春看完，笑捋须髯夸道：“此儿丰骨不凡，吾家之贾谊也！”孙儿的到来与相伴，令处在丧偶之痛中的杨春得到了莫大的慰藉。

弘治十四年（公元1501年）夏，杨廷和守丧期满，杨慎不得不辞别祖父，随父亲经汉中、西安、邯郸等地返回京师。沿途杨慎触景生情，诗兴大发，写下《过渭城送别诗》《霜叶赋》《马嵬坡》等诗作。回到京城后，杨慎遵从父愿，与弟弟杨惇一起跟随福建进士魏浚学习《易经》。同年秋天，杨慎当着诸多政坛大佬的面，创作了一首《黄叶诗》，顿时技惊四座，轰动京华。很可惜，《黄叶诗》已失传，实在是中华诗歌史上的一大憾事。当时在座的茶陵诗派领袖、内阁首辅李东阳见此诗后大为赞赏，主动提出收杨慎为自己的门生。一次，李东阳令杨慎仿作诸葛亮的《出师表》和傅奕的《请废佛法表》，杨慎写完将文章交给恩师，李东阳阅后盛赞其韵味“不减唐宋词人”。

正德三年（公元1508年）春，在万众期待下，二十岁的杨慎赴京城贡院参加礼部主持的会试。杨慎的文章被主考官王鏊、梁储一眼相中，主考官特意将其卷置于卷首，可命运却和杨慎开了一个天大的玩笑，当夜烛火意外滴落考卷，试卷竟被严重损毁，杨慎就这样莫名其妙地落榜。好在杨慎不为所动，在国子监苦读三年之后卷土重来，会试名列第二，在殿试中，杨慎交出的答卷赢得阅卷官李东阳、杨一清等人赞誉。有意思的是，李东阳、杨一清二位自幼都是“神童”，都是十八岁就中进士，又都是著名政治家和文学家。他们见了杨慎这篇约三千字的策论，惊叹道：“海涵地负，大放厥词。”“大放厥词”

在当时属褒义，意为铺陈大量华丽的辞藻。可见，杨慎的才华有多过硬。明武宗朱厚照看过文章后也特别满意，当即宣布杨慎为状元，赐朝服冠带，授予翰林院编撰之职。一时间，新科状元郎的成长故事成了人们街头巷尾茶余饭后的谈资。

黄珂与杨廷和都是巴蜀走出来的读书人，且同朝为官，政见相合，故而彼此交好。如今杨廷和爱子喜中状元，黄珂自然为杨家感到万分高兴。平日里，黄珂经常在子女面前讲述杨慎的励志故事，黄娥总是听得特别入神，不时还刨根问底，向父亲追问细节。空闲时间，黄娥经常手捧杨慎的诗文品读，不知不觉被杨慎的才华所倾倒。通过杨慎的诗文，黄娥脑海中不断勾勒出这位大才子的样貌，期盼有朝一日能目睹他的尊容和风采。

随着杨慎成为新科状元郎，机缘终于到来！

按照明朝当时的规定，新科状元初入官场，理应亲自持贴登门遍访朝中同僚前辈。这一年秋天，柿子正红，黄叶缤纷，状元郎穿戴一新，专程拜访父亲的故交黄珂。黄珂此时刚从边塞前线得胜奉调回京，官升户部右侍郎。在黄府屏风后，黄娥如愿见到心中偶像，果然风度翩翩，仪表堂堂，谈吐儒雅，器宇不凡，此刻，黄娥笑靥如花，情愫缱绻，心中泛起丝丝涟漪，久久无法释怀，从此更加迷恋状元郎。

一转眼黄娥到了及笄之年，也就是到了古代女子谈婚论嫁之时，父母自然操心起女儿的婚事来。京城上下谁不知晓黄娥姑娘是名门闺秀，才貌双全？前去黄府上门提亲的显贵子弟、风流少年早已络绎不绝。可黄娥没有一个觉得满意的。黄珂疑惑地问道："我的宝贝闺女，你到底想找一个什么样的郎君啊？"黄娥告诉父亲，她只想找杨升庵（杨慎号升庵）那样学识渊博、志趣高尚的郎君。黄珂苦笑道："天下有几个杨升庵？可惜女儿你生不逢时，人家早有妻室，总不能去当妾室吧？倘若找寻不到杨升庵那样的如意郎君，难不成你还不嫁人了？”女儿回应：“那是自然！”听完此话，黄珂气得脸色骤变，顿时拂袖而去。也许是黄珂厌倦了官场生活，也许是不希望女儿继续单相思下去，黄珂向朝廷提出告老还乡，皇帝看他去意已决，就批准他回到故乡遂宁。黄娥同父亲返乡后，对杨慎的相思之情只增不减，竟然化作一首动人的散曲《玉堂客》。

东风芳草竟芊绵，何处是王孙故园？梦断魂芳人又远，对花枝，空忆当年。愁眉不展，望断青楼红苑。合离恨满，这情悰怎生消遣！

玉堂客，古意即指翰林官，而杨慎当时正在翰林院任职。黄娥的一腔情愫，显而易见，这种表露需要极大的勇气。数月后，这首曲子传至京城，立即引起不小的轰动。杨慎读完后，也为黄娥的才情所折服，自然明白此曲是向谁倾诉，怎奈自己已有家室，唯有感叹造化弄人，默默祈福黄娥姑娘早日找到最好的归宿。

正德七年（公元1512年），早已厌倦尔虞我诈的党争斗争的内阁首辅李东阳以眼疾严重为由向明武宗提出告老还乡，举荐杨廷和接替自己的职位，明武宗准奏，杨廷和正式出任内阁首辅。第二年，杨廷和继室喻氏夫人于京城病逝。作为杨廷和长子的杨慎扶继母喻氏灵柩还蜀，守孝三年。

随后，杨家噩耗接踵而至：年仅八岁的儿子杨耕仁患病早夭；紧接着，原配夫人王妍也因患肺痨离世。这一连串打击令杨慎陷入无尽的悲痛之中，终日里失魂落魄，抑郁消沉。

黄娥在得知杨慎家中变故后，甚是心疼，写信寄往新都杨府，并附诗一首，聊表安慰。渐渐地两人建立了书信往来，彼此交心，互为勉励。终于在正德十四年（公元 1519 年），杨慎在征得父亲杨廷和的同意后，遣人送上厚礼去遂宁黄家提亲。黄珂被他们的真情所打动，最终同意将女儿许配给杨慎做继室。此时，杨慎三十一岁，黄娥二十一岁。大婚之日，头戴凤冠、身披霞帔的黄娥，望着镜中的自己，如同置身梦中，不敢相信眼前的一切。那个非杨升庵不嫁的小姑娘，竟然守候多年，得偿所愿了！

结婚之后，两人住在新都桂湖之滨的榴阁。这个桂湖其实是隋朝时期挖掘而成的一个人工湖，围绕这个湖又修建了园林，作为接待来往官员的驿官，取名“南亭”。到了明代，南亭成为杨慎家族的私家花园。至于“桂湖”名字的由来，还与杨慎有关。杨慎曾沿湖广植桂树，在一个桂蕊飘香的时节，因与友人饯别有感而发创作《桂湖曲送胡孝思》，从此，“桂湖”之名沿用至今。

杨慎与黄娥经常在湖边散步，畅想未来，欢声笑语，羡煞旁人。在相处中，他们总有着说不完的话题，夫妻二人常将浓情蜜意化为诗句互赠对方，以这种独有的方式传递爱意和对美好生活的向往。

新婚燕尔之际，正值石榴花吐蕊怒放之期。黄娥驻足庭院，喜望枝头，红艳似火，灿若烟霞，有感而发，当即信笔写下《庭榴》一诗：

移来西域种多奇，槛外绯花掩映时。
不为秋深能结实，肯于夏半烂生姿。
翻嫌桃李开何早，独秉灵根放故迟。
朵朵如霞明照眼，晚凉相对更相宜。

黄娥以石榴花自居，不与桃李斗艳，只愿用自己纯真似火的爱意，融化丈夫的孤寂落寞。在古代，石榴籽粒众多，象征婚后子女繁衍，表达了黄娥对未来家庭生活的美好憧憬。杨慎读罢，大为感动。

金秋之夜，杨慎与黄娥信步桂湖湖畔，满月映照，湖光盈盈，秋风徐徐，木樨飘香，杨慎顺手摘下一枝金桂，插在黄娥发髻上，一首词在杨慎心中悄然迸发：

宝树林中碧玉凉。西风又送木樨黄。开成金粟枝枝重，插上乌云朵朵香。依绣阁，傍银塘。广寒宫里白云乡。迥砧横笛声初断，坠露流风夜正长。

黄娥听着杨慎用款款深情的语调缓缓诵出，望着眼前如梦似幻的美景，纤纤玉手紧挽夫君的衣袖，生怕这一切只是幻梦一场。虽然夜已微凉，她还是想和丈夫在湖边多停留一些时间，她要将这个画面永远定格在记忆中。

然而踏入仕途，往往身不由己。正所谓“万里江山万里尘，一朝天子一朝臣”！随着帝王的更迭，无数官员的命运也随之沉浮起落。

杨慎与黄娥婚后第二年，明武宗突然驾崩，明武宗的堂弟明世宗（嘉靖帝）继位，预示着明朝最聪明、最自私，也是明朝除朱元璋外最难伺候的皇帝登上了历史舞台。在新帝的征召和杨廷和的来函催促下，杨慎带着黄娥告别家乡回京复职。杨慎任经筵讲官，为明世宗讲读史经。黄娥在京城官邸里，居家理事，成为丈夫的贤内助。起初，夫妻俩在京城的生活过得很是美满惬意，直到杨廷和、杨慎父子卷入一场重大政治斗争后，因得罪皇帝，杨家从此失势。

本来，杨廷和对朱厚熜有拥立之功，只要顺从皇帝心意，当好差，办好事，杨家官运势必一路畅达。然而，杨廷和是一个秉直刚正、持身中正的人。在“大礼仪之争”中，以首辅杨廷和、礼部尚书毛澄为首的大多数文官站在宗法义理一边，坚持让朱厚熜入明孝宗一脉，称呼孝宗为皇考（父亲），称呼朱厚熜生父兴献王为皇叔考（叔父）。将骨肉亲情看得很重的朱厚熜无法接受，双方就此展开较量。最终张璁、桂萼等臣子察言观色，站队皇帝一边，原先站在杨廷和一方的官员纷纷倒戈，继位不久的嘉靖帝赢得了胜利。自此，嘉靖帝视杨廷和为“眼中钉”，一直等待时机将他从朝堂上撵走。嘉靖三年（公元 1524 年）正月，杨廷和本想再次以辞官为要挟逼迫皇帝妥协，羽翼丰满的嘉靖帝顺水推舟，当即同意杨廷和辞归故里；嘉靖七年，嘉靖帝给杨廷和定罪，将其削职为民；次年，杨廷和在新都家中郁郁而终。

在这一过程中，杨慎始终站在父亲这边，坚持祖制不可违，为此多次上书进谏，不断激起嘉靖帝的反感和怨恨。这种怨恨最终因一场大事件（左顺门事件）的爆发而被点燃，杨慎的人生轨迹也彻底改变。就在杨廷和辞官归养后不久，这年（公元 1524 年）七月，嘉靖帝本想利用冬至祭祀大典的机会，为其父母预备好祭祀的典文。可是，按照大明祭祀礼仪的规定，朱厚熜生父生母是没有资格拥有祭祀册文的。杨慎此时站了出来，约集一众同僚，言道：“国家养士百五十年，仗节死义，正在今日。”于是，他带领二百三十一位大臣（《明史》称二百二十九人），集体跪在左顺门前大哭，抗议皇帝不顾礼制，过度推崇亲生父亲。皇帝龙颜大怒，随即下令将一百三十四人收监，对五品以下的一百八十余人施以廷杖，当场打死十七人。杨慎七月十五日被捕，七月十七日，被廷杖一次，又隔十日，再被廷杖一次，几乎当场毙命。嘉靖帝还是难解心头之恨，下旨将杨慎流放云南永昌卫服兵役，永不返还。就这样，三十七岁的杨慎以戴罪之身离开京师。

黄娥得知杨慎被迫害的消息后，替丈夫心痛不已。由于黄娥不放心杨慎，担心他在路上发生什么意外，于是护送戴着沉重枷锁的丈夫来到湖北江陵渡口。为了悉心照顾伤痕累累的丈夫，黄娥一路上尽心尽力，不敢大意，不知不觉神色变得异常憔悴，加上受了风寒，体力渐渐不支。杨慎实在不忍黄娥再为自己受颠簸劳累之苦，安慰妻子如今自己的皮肉之伤已好得差不多了，自己能够照顾好自己，拜托妻子赶往新都去照顾年迈的老父亲。同时，杨慎安慰妻子不必悲观，人生无常，世事难料，说不定过几年就会有转机，自己也会想尽一切办法回新都看望亲人。黄娥怕自己拖累丈夫行程，使丈夫受到加重惩罚，无奈泪别夫君，随即溯江而上，去往新都。杨慎望着妻子上船离去的背影，一腔离别之痛化为一首词《临江仙·戍云南江陵别内》:“楚塞巴山横渡口，行人莫上江楼。征骖去棹两悠悠。相看临远水，独自上孤舟。却羡多情沙上鸟，双飞双宿河洲。今宵明月为谁留。团团清影好，偏照别离愁。”月亮啊！你太无情！在夫妻劳燕分飞的时候，为何要用“团团清影”来映照？充分表达了杨慎与妻子离别时的痛苦和无奈。

回蜀途中，黄娥心潮起伏，难以平复，望着波涛汹涌的江水，念着路途凶险的郎君，一口气写下了《罗江怨·阁情》五首。其中“长亭十里、阳关三叠，相思相见何年月。泪流襟上血，愁穿心上结，鸳鸯被冷雕鞍热”最能反映黄娥当时愁绪万千的心境。分别时，黄娥知道杨慎将骑马奔赴云南，不知道骨瘦如柴的丈夫能否支撑得住病恹恹的身体抵达永昌。“雕鞍热”三字，充分体现了她对丈夫的牵挂与担忧。

嘉靖四年(公元 1525 年)二月，杨慎历经数月跋山涉水、风餐露宿，终于到达服刑之地云南永昌。永昌气候湿润，毒虫肆虐，杨慎本来有伤在身，加上舟车劳顿，又因水土不服，到了当地就生了一场大病。多亏云南巡抚郭楠、永昌知府严时泰等人提供及时帮助，杨慎才转危为安。为更好地调养身体，杨慎被偷偷安置到了安宁。安宁，距昆明四十多公里，是时任内阁首辅杨一清的故乡。这里气候宜人，环境清幽，山川秀丽，适合静养。杨慎非常喜欢这个地方，尤其对位于玉泉山麓、螳螂川畔的碧玉泉情有独钟。他总结出了碧玉泉的七种特色，并将它誉为“天下第一汤”，从此安宁温泉名扬四海。

擅自转移谪戍人员属于重罪，郭楠、严时泰等官员敢于行事，背后必有强大的势力撑腰。这股势力便是云南沐氏家族。提及云南沐氏家族，得追溯至明朝开国之初。当时，为确保华夏西南门户的长治久安，朱元璋义子沐英领命镇守云南，从此沐家一脉就在云南落地生根，世镇云南。杨廷和杨慎父子与沐家几代人都交情匪浅。三年前，黔国公沐绍勋为永昌设府一事还请托杨廷和帮忙。永昌设府后，首任知府严时泰专门托同榜状元杨慎向杨廷和求作碑记，杨廷和欣然同意，写下《新建永昌府治碑记》。此次杨慎落难来到永昌服役，沐绍勋做了精心的准备和周密的部署。此后，杨慎余生都受到云南沐氏家族不同程度的庇护和关照。

这期间，黄娥曾托人千里迢迢捎去一方手帕，杨慎拿着手帕翻来覆去却看不见上面有半点字迹，思索许久后，瞬间领悟妻子的用意，黄娥担心写字会给自己招来横祸，于是只能通过这一方丝质手帕来表达她无尽的相思，妙在“丝”与“思”谐音，相思之苦尽在不言中。杨慎把这段小故事写进了一首题为《素帕》的诗中：“不写情词不写诗，一方素帕寄相思。郎君着意翻复看，横也丝来竖也丝。”

嘉靖五年（公元 1526 年）六月，杨廷和病重。杨慎得知后，心急如焚，向云南的官方请了假期。云南的官方顶着巨大压力勉强同意，要求杨慎务必在规定期限内返回云南，杨慎再三允诺后即刻动身。因探父心切，杨慎不顾个人安危，选择了一条既快捷同时又最为凶险的道路，即从安宁出发，行经乌蒙（今云南昭通市）、盐津县石门关旧道，经到叙州（今四川宜宾市以南）北上，抵达家乡新都，前后仅用了十九天。在途经乌蒙铺时，作诗道："绝壁千重树万里，琼林锦石带丹枫。何僧肯住悬崖寺，虎啸猿啼夜半钟。"可见这一路有多艰险！当年近古稀、神疲气虚的杨廷和突然看到日思夜想的儿子出现在面前时，不禁老泪纵横，嘴唇颤抖，拽着儿子的手久久不愿松开，一旁的黄娥也喜极而泣，垂泪不止。在儿子日夜照看与陪伴下，杨廷和的病情奇迹般好转。一晃时间临近归期，杨廷和执意让儿子带着黄娥去往云南。暮年的杨廷和看淡一切，唯一放不下的就是杨慎和黄娥，希望他们不再受离别之痛和相思之苦。杨慎和黄娥也正有此意，于是收拾行囊，泪别家人，再度起程返回云南。

其后，黄娥随丈夫在云南安宁共同生活了三年，尽管生活环境简陋，终日粗茶淡饭，却也过得甘之如饴，舒心自在。元宵时，他们一起看烟花、赏花灯；新春时，黄娥陪杨慎"提壶沽酒，共赏花开"；重阳时，一起登高望乡，共忆亲人，这些美好的时光都有二人留下的诗句为凭。按照明朝军规，充军之人到了六十岁以后可以申请由子嗣替自己充军，这成了夫妻二人离开云南返回故乡生活的唯一希望。然而，感情融洽的两口子，一直没有盼到一男半女降生。随着时间的延续，黄娥的心里更为焦急，她深知公公坚持让自己随丈夫来苦寒之地，很大原因是对自己寄托了较大的希望，希望自己能为杨慎添下男丁，怎奈自己的肚子不争气，久而久之，成了黄娥挥之不去的心结。

嘉靖八年六月二十一日（公元 1529 年 7 月 25 日），已被削职为民的杨廷和黯然离世，一生治国经邦、政声蜚著的明朝中叶著名政治改革家在凄凉中告别了人间。得到云南的官方允许后，杨慎携黄娥火速回到新都为父亲大人奔丧。丧事处理完毕后，夫妻俩做出了一个十分艰难的决定，黄娥留在新都挑起家中重担，戴罪之身的杨慎只身一人回云南复命。黄娥知道是自己的问题不能为杨家留后，把苦水往肚子里咽，不再坚持随杨慎去云南。

嘉靖十三年（公元1534年），杨慎四十六岁时，为了以承宗祧，在云南纳妾周氏，分别生下两子杨恩仁（早夭）和杨同仁。嘉靖二十一年（公元1542年），杨慎五十四岁时，周氏不幸病逝，又纳妾曹氏，次年生子杨宁仁。对此，社会上议论纷纷，说杨慎早已负心，更有以黄娥名义创作的多首散曲在坊间流传，都是讥讽或怒斥杨慎。实际上，嘉靖十八年至二十二年，杨慎多次以奉戍役的名义，返乡与黄娥团聚，还与黄娥一同赴遂宁为岳母祝寿，与姻亲同游，可以肯定，两人并未失和。

晚年杨慎在黔国公沐朝弼（沐绍勋之子）的帮助下，举家迁至蜀地，潜居川南重镇泸州，长住有六年。断断续续加起来，杨慎居住在泸州有十年之久，留下了大量的学术著述和诗歌佳作。其中，最脍炙人口的就是《临江仙·滚滚长江东逝水》。

滚滚长江东逝水，浪花淘尽英雄。是非成败转头空。青山依旧在，几度夕阳红。

白发渔樵江渚上，惯看秋月春风。一壶浊酒喜相逢。古今多少事，都付笑谈中。

任凭历代兴亡盛衰、循环往复，但青山和夕阳都不会随之改变，可以感知杨慎那种旷达超脱的人生观。虽然杨慎对自己遭受朝廷不公平责罚而深表怨恨，但他丝毫没有妥协，更没有沉沦，将自己游历于神州大地大西南的所思所感倾注笔端，化为一篇篇艺术性与学术性完美的惊世佳作。在考论经史、诗文、书画，以及研究训诂、文学、音韵、名物等方面都有涉猎，著述近三百种（有的学者认为四百多种），诗词曲三千一百三十二首，《明史》罕见地高度评价他的成就："明世记诵之博，著作之富，推慎为第一。"他也毫无争议地被后世列为明代三大才子之首。

"大礼仪之争"过去那么多年了，内阁首辅之位虽然频频换人，但都不太令嘉靖帝感到满意，直到既听话又善于替自己搞钱的严嵩的出现，才让嘉靖帝觉得如获至宝，把严嵩推到首辅之位后，嘉靖帝一边住在西苑万寿宫内安心修仙问道，一边退居幕后操控宦官与大臣互相争斗。嘉靖帝始终记恨杨慎，时不时向严嵩打听杨慎近况，严嵩均答复杨慎一直在云南永昌服役，日子过得非常不好，皇帝听了很是满意，便不再过多追问。朱厚熜并不想让杨慎很快死去，只想让杨慎永远被流放。这样一来可以泄私愤（嘉靖帝特别记仇，"大礼仪之争"让嘉靖帝觉得在天下人面前没有威严），二来可以给百官立威，让他们时时刻刻以杨廷和父子为戒。一代奸相严嵩害人无数，为何没有落井下石，而是暗暗护着杨慎？这主要是因为杨廷和对严嵩有知遇之恩。杨廷和任"礼闱"考官主持会试时，严嵩是进士及第，因此，名分上严嵩是杨廷和的门生。杨廷和十分欣赏严嵩的才干，把他看作是国之栋梁，一有机会就提拔严嵩，只是万万没料到在"大礼仪之争"中严嵩背叛了自己。奸猾的严嵩深知自己背叛恩师已经为天下人所不耻，如果再将恩师爱子害死，那必将激起天下读书人和朝廷官员的公愤，他这首辅就没办法正常开展工作。当然，严嵩摸透了皇上的心思，绝不会出面为杨慎求情。了解了个中缘由，便不难理解为何嘉靖帝曾六次天下大赦，赦免人员名单中都始终没有杨慎的名字。

古稀之年的杨慎不抱任何幻想，既然不让我老死故里，那我准备好在泸州长眠，毕竟泸州是蜀地，心理上多少有些慰藉。可叹，命运从来不和任何人讲条件，噩运来时没有最坏，只有更坏。嘉靖三十七年（公元 1557 年），杨慎的儿子杨同仁病逝。嘉靖三十七年（公元 1558 年）十月，云南巡抚王昺听信谗言，为了讨好嘉靖帝，派四名指挥使把杨慎枷回云南永昌。杨慎回滇不久就病倒了，次年七月六日孤独地死在云南永昌一个破庙里，卒年 72 岁。黔国公沐朝弼率当地一众官员前去吊祭。此时，王昺因贪腐被罢免，由游居敬接任云南巡抚。游居敬敬重杨氏父子气节，请旨将杨慎灵柩送归新都老家，获得批准。噩耗传至新都，黄娥悲痛万分，她并不知道丈夫灵柩已在来新都的路上，花甲之年的黄娥打算只身一人徒步赴滇奔丧。行至泸州，正遇上运送杨慎灵柩回乡的护送队伍。此时的黄娥泪水早已哭干，腿脚根本不听使唤，不得不由人搀扶着挪近灵柩，待众人移开棺盖，黄娥望着丈夫的遗容凄然一笑，心里默默念道："升庵，我接你回家了！"哀痛之余，黄娥仿照南北朝才女刘令娴的《祭夫徐敬业文》，为亡夫创作哀章，凄怆哀婉的词句无不令人潸然泪下。待平复好心情，她将杨慎侧室曹氏及其孩子杨宁仁带回新都照顾。

早些年，杨慎弟弟杨惇将儿子过继给兄长，取名杨有仁，由长嫂黄娥抚养。宁仁和有仁都很争气，宁仁成了庠生（秀才），有仁中了进士，后来也是一位清官。

几年后，嘉靖帝崩逝，明穆宗继位，杨廷和父子的冤情得以昭雪，杨廷和被追赠太保，追谥号"文忠"；杨慎被追封为光禄寺少卿。隆庆三年（公元 1569 年），在杨慎去世的十年后，黄娥病逝新都，享年同样也是七十二岁。后人将她与杨慎合葬于新都西郊杨慎祖父杨春墓的左边，实现了黄娥与杨慎"生同心，死同穴"的誓愿。天启年间，明熹宗给杨慎追谥号"文宪"。黄娥因在中国散曲史上的独特贡献，成为明朝著名文学家，被誉为"曲中李易安（李清照）"。"明代三才子"

之一的徐渭给予黄娥很高的评价："杨夫人才情甚富，不让易安、淑真。旨趣娴雅，风致翩翩，填词用韵，天然合律。"

满腹经纶，守正不阿。谪戍半生，聚少离多。
恨家乡无我容身处，叹爱妻有情守榴阁。
尽臣子之道，守纲常礼法，不畏触怒龙颜。
尝颠沛之苦，受分离之痛，书写旷世成就。
柳絮才高，贤良淑德。苦守故里，只待良人。
怨酷罚无情永不归，愿音讯有你心稍安。
作断肠散曲，写离愁律诗，倾吐殷殷思念。
扶灵柩归葬，教子侄成才，告慰夫君亡灵。
山川迢迢千险藏，生死去留两茫茫。
穷途未坠凌云志，青史不负状元郎。
桂馥十里年复年，湖光秋月人未还。
小楼遥听孤雁怨，只羡鸳鸯不羡仙。

有的人用一生追逐财富，有的人用一生谋取高位，有的人用一生扬名立万，而有的人为了与心爱之人早日团聚而不懈与不公的命运抗争，用自己的才华为后世留下宝贵的精神财富，谁能说这样的人生就逊色呢？

爱情是生命的最高礼赞

思卿魂梦萦，长歌寄衷肠。
梨园诉心曲，惊梦牡丹亭。
死而又复生，只为梦中郎。
陈情金銮殿，礼教难阻挡。
世间真情在，不负杜丽娘。

16世纪后半叶至17世纪初，东西方世界涌现出两位以“情圣”著称的伟大剧作家。一位来自西方，叫莎士比亚，他善于运用诗情化的笔触讴歌人文主义情怀下孕育出的纯洁爱情，他在名著《罗密欧与朱丽叶》中这样富有诗意地描绘爱情：“爱情是叹息吹起的一阵烟；恋人的眼中有它净化了的火星；恋人的眼泪是它激起的波涛。它又是最智慧的疯狂，哽喉的苦味，吃不到嘴的蜜糖。”

另一位来自东方，名叫汤显祖，他把爱情视为可以跨越生与死的一种至高境界，曾言：“情不知所起，一往而深。生者可以死，死亦可生，生而不可与死，死而不可复生者，皆非情之至也。”而汤显祖与妻子吴玉瑛的爱情同他笔下男女主人公之间缠绵悱恻、感人肺腑的传奇故事一样堪称经典。

说到江西，必然绕不开水域辽阔、烟波浩渺的鄱阳湖。它衔远山，吐长江，吞五河，是我国第一大淡水湖。由于鄱阳湖是古代自北方进入江西的唯一水道，因此被视作中国江南地区的“水”门户，为历来兵家必争要地。朱元璋与陈友谅在此展开的鄱阳湖之战被认为是明朝的最关键一战，也是中世纪世界规模最大的水战。

随着朱元璋建立明朝，统一天下，鄱阳湖及其支流很快恢复了以往的活力，四通八达的鄱阳湖水系，带来了天南海北丰富的商业物资，形成了大名鼎鼎的江右商帮（赣商）。

抚河作为江西第二大河流和鄱阳湖水系五大河流之一，河运优势十分明显，船舶可以经抚河、赣江通往长江。抚河古称汝水，因隋开皇九年（公元589年）隋文帝杨坚设置抚州后改称抚河。千百年来，抚河之水哺育了抚州人民，也孕育了临川（抚州古称“临川”）文化。

抚州地处赣抚平原腹地，由于地理条件优越，气候寒暖适宜，土壤肥沃，河网密布，素有“赣抚粮仓”之称。唐朝中期，官府为消弭水患，灌溉农田，在抚州城东抚河段修筑堤坝。堤坝建成后，根据古星相学说：“文昌在斗而北，谓主抚州。”因堤坝之上正对应着文昌星，预兆抚州文化昌隆，故命名为“文昌堰”。北宋时期，将文昌堰附近区域命名为“文昌里”。明朝开始，依托抚河码头，文昌里逐渐成为抚州的商业、仓储和转运中心。

嘉靖二十九年八月十四日(公元1550年9月24日)，“绝代奇才”汤显祖降生在文昌里的一户书香世家。也许是文昌星护佑，汤显祖的祖上四代都是秀才。高祖、曾祖均为藏书家。祖父汤懋昭博览群书，精通黄老学说，善诗文，被推为“词坛上将”。父亲汤尚贤受家族影响，同样特别精通黄老学说，且以藏书为毕生嗜好。据说，汤家四代累计藏书多达四万余卷，汤家历代不仅潜心治学，而且乐善好施，深受乡民爱戴。高祖汤峻明在弘治甲子年的饥荒中，积极出粮赈灾，官府“以旌表其门”。当时兵部尚书谭纶也是江西人，谭纶不仅是杰出的军事家，而且是戏曲活动家，他曾盛赞汤氏家族：“抚郡汤姓卓然，为当代名宗也。”高祖善举引得汤家后代纷纷效仿，汤氏家族善行义举不禁声名远播。

汤显祖自幼心性灵慧，秉性耿直。由于受到家庭文化氛围熏陶，汤显祖耳濡目染，酷爱读书，据说汤显祖五岁时就在父亲创建的“汤氏家塾”读书。

十二岁汤显祖便学会写诗，而且写得相当不俗。当时，汤显祖一家亲身经历了一场两广民兵叛乱事件，叛军进攻家乡，导致汤显祖全家奔逃在外一年，等事态平息，全家人回乡后，汤显祖小小年纪就写下了一首长篇五言律诗《乱后》，生动描绘了家乡人民因战争遭受的苦难和创伤，全诗合仄押韵，感情真挚，一经公开，震惊世人：“地雁与天狗，今年岁辛酉。大火蚩尤旗，往往南天有。海曲自关阻，越骆生戎首。下邑无城郭，掩至安从守。转略数千里，一朝万余口。太守塞空城，城中人出走。宁言妻失夫，坐叹儿捐母。忆我去家时，余粱尚栖畎。居然饱盗贼，今归乱离后。亲邻稍相同，白日愁虚牖。太尊犹可禁，阿翁遂成叟。死别真可惜，生全复杯酒。曰余才稚齿，圣御婴戎丑。况复乱离人，世故遭阳九。”

十三岁时，在父亲的引荐下，汤显祖来到徐良傅学堂学习古文。这位徐良傅先生是明朝古文家、诗人。徐良傅因得罪内阁首辅夏言而被革职回乡开设学堂，从事教书讲学。汤显祖从徐良傅那里接触了《左传》《史记》《文选》和唐宋八大家的古文，逐渐对文学产生浓厚兴趣。同年，江西籍著名理学大师、刑部郎中罗汝芳归乡省亲，汤尚贤得知后，诚邀罗先生来临川讲学。因而，汤显祖有缘拜投罗汝芳门下，理学思想就此在汤显祖心中开始萌芽。有了徐良傅、罗汝芳两位名师的指点，汤显祖的学识突飞猛进。十四岁时，汤显祖参加院试，轻松过关，补入临川县诸生（成为秀才）。

俗话说：“好事成双。”十四岁的汤显祖不仅以秀才身份踏入士绅阶层，而且终身大事有了着落，真可谓双喜临门！事情的起因是徐良傅有位同乡好友有一次来徐良傅学堂探望他。此人名叫吴长城，在礼部任职，家住江西东乡（如今此地与临川同属抚州市）。吴长城有个宝贝女儿，名叫吴玉瑛，生于嘉靖三十三年甲寅十二月初二日（公元1554年12月25日），比汤显祖小四岁。吴玉瑛自幼乖巧伶俐，知书识礼，吴家人视为掌上明珠。吴玉瑛十岁那年，一日，她听说父亲要去学堂探望好友，从未上过学堂的小玉瑛充满好奇，想要一探究竟，于是非要缠着父亲带她去见识见识，吴长城拗不过女儿，便带她一同前往。

父女俩刚到学堂门外，便听得里屋传来琅琅读书声。吴长城并未直接打断好友的教学，而是和女儿缓步来到窗边，悄悄观察屋内师生的互动情况。忽然，有一位长相俊秀的少年书生引起了他的注意。每每面对老师抛出的问题，这位少年皆从容以对，条理清晰，不仅出口成章，而且见解独到。细细聆听后得知这位少年名叫汤显祖，小小年纪，已是秀才，更是打心里喜欢得不得了。吴长城看看女儿，再看看汤显祖，越看心里越乐开了花，脑海里同时闪过一个美好的想法。徐良傅上完课后方才察觉到站在门外的吴长城，老友重逢，分外开心。小玉瑛向徐良傅施完礼后便在学堂内外四处转悠，徐良傅则将吴长城请进客厅一边品茶一边叙旧。不一会儿工夫，吴长城就聊起了汤显祖。吴长城不吝溢美之词，连声夸赞这孩子年少有为，未来可期。他提出想让徐良傅当月老，撮合两家早早订下亲事。徐良傅觉得两个孩子才貌相当，门当户对，乐得成人之美，便答应促成两家结为秦晋之好。不日，徐良傅前往汤家把来意一说，汤家人心想吴家的清誉有口皆碑，闺女自然错不了，当即表示同意结亲。由于当时两个孩子尚未到适婚年龄，于是汤显祖等了吴玉瑛整整六年，这期间不乏有人来汤家说媒，汤家都婉言谢绝了。隆庆三年（公元 1569 年）腊月初四，汤显祖行冠礼后，与吴玉瑛喜结良缘。

婚庆当日，高朋满座，胜友如云。众人的目光除了主要聚焦在新郎和新娘身上外，也不时被两位帅气的傧相（即伴郎）所吸引。这两位傧相一位叫周孔教，另一位叫饶仑，二人与汤显祖年龄相仿，也是家庭富裕、人品端正、才气过人的青年才俊，与汤显祖自幼熟识，情同手足，后来二人也都成了受人尊敬的能臣干吏。

据说，洞房花烛之夜，汤显祖和吴玉瑛发生过一件趣事。古代一些文人雅士在新婚之时喜欢对对联，一般新娘出上联，新郎出下联，到了明朝逐渐成为一种风尚。新婚当夜，洞房之中，红烛影影，言笑晏晏。谈笑间，新娘不忘勉励丈夫要勤学不怠，深耕笃行，早日蟾宫折桂，大展宏图。可能是汤显祖酒意未散，他让玉瑛不必担心，并夸下海口，即便中个状元对自己而言也不过是轻而易举之事。玉瑛心想，那我得为难为难他，不能助长丈夫盲目自信的心态。于是，她笑着说："既然夫君如此自信，那奴家就献丑出一上联，倘若夫君对不上来，就罚你今晚在书房过夜，夫君你意下如何？"自信心爆棚的汤显祖爽快答应。新娘见桌上排放着红烛，灵机一动，出了上联：红烛蟠龙，水里龙火里化。联中两次出现"龙"和"里"，"水"与"火"相对，"红烛"对应"火里化"，"蟠龙"对应"水里龙"，可谓暗藏玄机，用字精妙。汤显祖听后，顿时对玉瑛的文采心生敬佩，同时陷入苦思之中。眼见时间过去整整一个时辰，新郎依然在默默冥想，心软的新娘站起身来，准备给新郎一个台阶下，想告诉他不用在意之前所说的受罚之言。新娘上前的那一步，借着暖暖烛光，正在低头思索的汤显祖一眼看见玉瑛脚下穿着的绣花鞋，突然灵光乍现，兴奋地说："下联有了！娘子听好啦！下联我对：花鞋绣凤，天边凤地边飞。娘子觉得是否妥当？还望不吝赐教！"玉瑛自知丈夫对得合仄押韵，对仗工整，上下联可谓天衣无缝，于是夸赞道："夫君不负才子之名，此联对得绝妙！"说完，新娘为新郎宽衣解带，相拥入帐。

古往今来，越是读书好的人越是勤奋和自律。婚后，为抓紧时间学习，汤显祖与饶仑经常在书馆过夜。这期间，也闹出过不少笑话，比如，两个人一觉醒来经常把衣服互相穿错还浑然不知。有一次，汤显祖穿着新买的衣服出门，吴玉瑛笑着打趣道："你回来的时候，恐怕这崭新的衣服又要变成旧的喽!"夫人的话，汤显祖当时还不理解，后来他的新衣服和鞋袜果然被早起的饶仑穿走了，他也稀里糊涂地穿着饶仑的旧衣服和鞋袜回了家。等到家被夫人揭穿后，汤显祖也忍不住哈哈大笑，连连夸赞夫人料事如神。有时，吴玉瑛会拿些银钱放在汤显祖的书箱里，以应不时之需。几天后，再一看书箱，已是空空如也，一打听，原来这些银钱都被饶仑拿去周济穷困的妇女、老人了。夫人笑着说："此人乐善好施，后必大贵。"果然不出吴玉瑛所料，饶仑后来与汤显祖成为同科进士。这些生活趣事既体现了吴玉瑛对汤显祖的体贴入微、照顾有加，也表现了汤显祖心胸开阔、性情洒脱。

婚后的第二年，汤显祖与周孔教一同参加江西乡试，双双考中举人。乡试之后，他已经有了入京师参加会试的资格。

自明朝中叶，八股文成为科举考试的专用文体，以往诗、赋、论、策等文体带来的熠熠文采与酣畅气势不复存在，只许考生做死板文章，不得用华丽辞藻，不得引用经典之外的其他任何书籍。所以，考生们为了早日博得功名，便削尖脑袋，苦学八股，荒废群经，死啃四书，导致文人思想在无形中被禁锢。

好在汤显祖对待学问不落窠臼，海纳百川，除了古文辞章写得出色，还"通天官、地理、医药、卜筮，河籍、墨、兵、神经、怪牒诸书"。虽然才华横溢，博学多长，但汤显祖还是无法适应八股文这种僵化的文体，导致前两次会试都落榜了。汤显祖并未泄气，去了南京国子监进修补习，准备三年后再接再厉。补习期间，结识了另一位大才子沈懋学。沈懋学师从浙中王学（王阳明心学的一支）创始人王畿，才华与声望早已远播。汤、沈二人惺惺相惜，很快成了好友。沈懋学是安徽宣城人，宣城与南京不远，他经常带汤显祖来故乡游玩。一听汤显祖来了，宣城附近的官员都慕名前来一睹风采，其中就包括首辅张居正同父异母的弟弟张居谦。张居谦被汤显祖的才华所深深折服，日后总在张居正面前夸赞汤显祖。

汤显祖本以为凭自己的才学，加上三年刻苦学习，定能不负家中长辈和娘子的期待中得进士，怎奈天有不测风云，也许上天故意让汤显祖走文学巨匠之路，安排他莫名卷入了一场以权谋私的阴谋当中，令他仕途生涯遭遇坎坷。尽管汤显祖也曾在穷乡僻壤之地做过一阵父母官，但无情的现实最终还是将他的政治抱负彻底浇灭。

这个阴谋的发起者是谁？正是当朝内阁首辅张居正！万历五年（公元 1577 年），张居正想通过暗箱操作，让二儿子张嗣修成为一甲进士（即状元、榜眼、探花），但又知道自己的孩子实力不济，于是精心设了一个局：拉拢实力公认最强的两名考生当作张嗣修的“陪考”，让张嗣修与他们结交，然后暗自操纵考试成绩，使这三个人都顺利进入前三名。这样既堵住天下人悠悠之口，又能收下两名学霸门生，助力他推进轰轰烈烈的变法革新运动。张居正思来想去，最终采纳弟弟张居谦的建议，将这两个人选落在了汤显祖和沈懋学身上。此事张居正自然不能出面，只能由张居谦前去拉拢。张居谦首先来到沈懋学住处，一番交流后，二人一拍即合，沈懋学很快成了相府常客。但张居谦到了汤显祖住处，碰了一鼻子灰，直接被汤显祖怼了回去，“不敢从处女子失身也！”更刺耳的话还在后面。汤显祖举例暗讽张居正，说南宋奸臣秦桧为了让自己的孙子秦埙成为科举头名，曾经贿赂主考官陈子茂。结果，陈子茂不为所动，坚持唯才是举，公平公正，让大诗人陆游成了第一名。张居谦悻悻然回来禀告张居正，张居正摇了摇头，淡淡地说了一句：“人各有志，尊重他的选择。”贡士榜揭晓，沈懋学与张嗣修通过会试成为贡士，汤显祖第三次落榜。最终经过殿试，沈懋学成为新科状元，张嗣修为一甲第二（榜眼）。

此后，汤显祖回到南京继续复读。空余时间，他经常与南京著名的戏曲家梅鼎祚、张青野、林清章等切磋词曲，结交了不少秦淮名伶、歌伎，产生了戏剧创作的冲动。很快，他完成了人生戏曲处女作《紫箫记》的创作。由于被别有用心的政客歪曲批驳该剧影射时政，从而只能辍笔。直到万历十五年（公元 1587 年），汤显祖在臧懋循（明代戏曲家、戏曲理论家）等曲友的鼓励下，在《紫箫记》的基础上，终于完成“临川四梦”第一梦的《紫钗记》。

万历八年（公元 1580 年），三十岁的汤显祖第四次入京赴试。这次又撞上张居正三子张懋修参加会试，张居正故技重演，打算继续找才识过人的考生当儿子的垫衬。尽管上回汤显祖让他十分难堪，张居正依然看中汤显祖是个可造之才，认为经过上一次的敲打，汤显祖应该识时务，知变通，懂得官场生存之道。于是，再次向汤显祖抛来橄榄枝，开出事成之后保中状元的诱人条件，结果，令张居正没想到的是，汤显祖依然冥顽不灵，再次严词拒绝与他合作。既然这样，张居正索性也不再装了，反正天下人会质疑，那就说去吧！待到金榜公布之日，各地考生于长安左门争相围观，张懋修名字赫然出现在状元之列，同时进入进士榜的还有张居正长子张敬修（名列二甲十三名），而汤显祖依旧连殿试的资格都没有。众人交头接耳，指指点点，纷纷表达心中的诧异与愤懑。很快，“丁丑无眼（榜眼），庚辰无头（状元）”的谑语在街头巷尾传开。曾经当过汤显祖结婚时伴郎的周孔教同年登三甲进士，汤显祖落寞之情难以言表。历经风雨，四度落榜，身为妻子的吴玉瑛同汤显祖一样经历着精神上的折磨，以致身体衰弱，引起阴虚肺痨之疾。

如此明目张胆地连续操纵科举考试，朝廷选拔人才的渠道竟沦为权臣谋取私利的工具，汤显祖彻底看清了现实之残酷和官场之黑暗。此时汤显祖已经心灰意冷，想彻底放弃科举入仕之路。然而仅仅过了两年，主政大明王朝十年被誉为“千古名相”“大明脊梁”的张居正因积劳成疾于公元1582年7月病逝。对于张居正的评价，世人众说纷纭，素有“海青天”之誉的大明著名清官海瑞八字评价相对客观：“工于谋国，拙于谋身。”

张居正生前由于大权独揽，其言行决定了很多人的命运，他的死自然让不少受其打压的人看到了曙光，这其中就包括汤显祖。这一年寒冬，重燃希望的汤显祖又准备进京参加来年春试。吴玉瑛心里百感交集，五味杂陈。汤显祖曾经这样记录夫人当时的举动和状态：“晨起，为我洗足，别泪簌簌而下。”吴玉瑛为何在分别时情绪失控，原因有二：一是她回想起汤显祖这么多年进京赶考均因得罪权贵而徒劳无功，为丈夫既感到惋惜，又觉得心酸，认为老天对丈夫太不公平；二是她这么多年来为丈夫生了四个孩子，两个女儿不幸早夭，后来降生的两个男婴虽然健康成长，但汤显祖不是在复习迎考，就是在专心治学，平日里丈夫陪伴孩子的时间太短，一想到丈夫又要与孩子们分别不禁潸然落泪。肺痨病人最忌受冻受寒，吴玉瑛为丈夫洗足的初衷，实在是太想为苦难中的丈夫多做一点力所能及之事了。望着妻子此时的模样，汤显祖心痛不已，他暗下决心，这次赴京赶考是人生中的最后一次，成功了皆大欢喜，失败了就再也不考了，留在夫人身边，好好照顾她，共同抚育好他们的孩子。苍天不负苦心人，次年春试，三十三岁的汤显祖终于大功告成，考中进士，虽然名次极低——三甲二百一十一名，但总算有了比较好的收获。有趣的是，饶仑与他同一年中得进士，二位好友历尽千帆，苦尽甘来，同时跻身仕宦之列，两人的情谊愈加深厚。

汤显祖先是在北京礼部做了一名观正（即实习生），后于公元

1584年7月，从北京启程抵南京，任太常寺博士（执掌祭祀礼乐之事的官员），为七品官。此时，汤显祖打算将爱妻吴玉瑛接到南京生活，可是吴玉瑛重病缠身，一时无法出远门。直到这年冬天，吴玉瑛才强打精神带着两个儿子汤士蘧和汤大耆来到南京。

婚后这些年来，吴玉瑛除了日常照料全家人的生活起居，还要教两个儿子读书识字。汤士蘧已经8岁，聪慧过人，天赋异禀，六经诸赋及各种史传早已耳熟能详，著文作诗有模有样；汤大耆也才6岁，整天跟着母亲虚心请教各种新知识。妻儿的到来，让这么多年疲于谋取功名的汤显祖倍感家的温馨。看着两个孩子如此乖巧懂事，用功学习，而且从来不用自己操半点心，汤显祖对吴玉瑛感激不尽，也心疼不已。

几个月后，吴玉瑛病情突然加重，不得不回乡静养治疗。那一日，汤显祖送妻子到南京清河渡登船。分手时，一段积蓄在吴玉瑛心中很久很久的话让汤显祖永生难忘。她强忍悲伤，款款深情地望着丈夫，用微弱的语气说道："我将与夫君永别矣。你我二人成亲这么多年以来，我有很多不足，在仕途上不能给你助力，在生活上也做得不够好，身为妻子，我感到万分惭愧……这一生使我开心高兴的事有四五次。一是初嫁新婚之时；二是连生两个儿男；三是夫君中举；四是夫君成进士，其余的就大多数不称心不开心了……"说到情深之处，吴玉瑛哽咽不止，泪如泉涌，最后反复叮嘱丈夫一个人在南京要多加保重。此时，一阵江风瑟瑟袭来，将吴玉瑛鬓角上的发丝吹拂到她的脸庞，汤显祖用颤抖的手轻柔地为之拨开，忽然发现这些发丝不知何时已半数银白，内心好似被针扎一样疼痛。正欲好生安慰几句，不料船夫一再催促，只能彼此互道尊重，掩袂而别。汤显祖望着夫人离去的消瘦身影，想到夫人被肺痨折磨得头发稀疏、容颜苍老的模样，顿时五内俱焚，酸楚垂泪，怨恨自己没多说些宽慰夫人的话，悔恨自己长久以来没有照顾好发妻。

吴玉瑛回乡后，没过多久，病情再度恶化，于万历十四年乙酉十二月初十日（公元 1586 年 1 月 29 日）离开人世，卒年三十三岁。对于吴玉瑛的离世，汤显祖余生一直内疚自责。万历三十三年（公元 1605 年），吴夫人逝世二十年时，汤显祖一口气写下《清明悼亡五首》诗：

版屋如房闭玉真，新添一尺瓦鳞鳞。
不应廿载还轻浅，好在殷勤同穴人。

杳水青林断女萝，廿年松柏寄山阿。
南都不解成长别，长送卿卿出上河。

曾梦纱窗倚素琴，何知萎绝凤凰音。
春烟石阙题何事？寒夜乌哀一片心。

枕箪青林一到衙，相看几月病还家。
药成不得夫人用，肠断江东剪草花。

欲葬宫商买地迟，深深瓦屋覆寒姿。
秣陵旧恨年多少，梦断红桥送子时。

第一首诗写汤显祖在吴氏死后二十年，一边扫墓添草皮，一边回忆分别二十年前的事，想起平时祭扫得不多，表达歉疚之心。第二首诗写汤显祖看到墓地松柏已成林，想起二十年前吴氏出嫁的事，触景生情。第三首诗写汤显祖曾梦见妻子在旧窗下抚琴，转眼间人去楼空，哀怨世事无常。第四首诗写汤显祖回忆吴氏病痛时，自己服侍不周，对此充满自责。第五首诗写汤显祖在南京时曾梦见吴氏梳着锥形发髻，把孩子匆匆交给他后，便站在桥上指着一座庙宇说："我将要去那里。"谁知梦醒后不久，果然得到吴氏故去的噩耗。同时，又埋怨自己没有隆重地安葬妻子。

在汤公家族墓出土的《明敕赠吴孺人墓志铭》中，我们再度见证了汤显祖那时深埋心底的无比悔恨与自责："余故穷，幸而薄仕不能偕孺人以乐，病不能视其药，殁不能含蔽近园。二十二年，而仅克祔于祖姑魏夫人之迁日以葬，余其非夫也欤！"意思是："我固然穷愁，后来有幸成为七品官，却不能和吴氏夫人一道分享快乐，夫人病时我不能伺候服药，夫人去世时我没有隆重安葬。在二十二年后，才让夫人遗骸随祖母魏夫人迁葬至祖母坟旁。我真的不是个好丈夫啊！"

再来看看汤显祖的仕途经历。张居正去世后，张四维、申时行等权臣相继以高官厚禄拉拢汤显祖入幕，都被性情耿介的汤显祖一一婉拒。这也注定了他不会被朝廷所重用，汤显祖只能继续在陪都南京任太常寺博士、詹事府主簿、礼部祠祭司主事等闲职。

尽管身处闲职，但此时的汤显祖依然满怀"治国平天下"的踌躇之志。他时常想起五百年前的同乡王安石，正是上万言书提出变法，从而得以被宋神宗认可，坐上相位，实现抱负。自己渴望有朝一日，也能像王安石一样，平步青云，名垂青史。

万历十九年（公元 1591 年）闰三月，天象异常，早已对官场腐败之风痛心疾首的汤显祖认为时机成熟，斗胆上了一篇《论辅臣科臣疏》，严词弹劾当朝首辅申时行及其党羽，揭露他们窃盗威柄、贪赃枉法、刻掠饥民等罪行，批评明神宗朱翊钧即位以来的朝政。疏文一出，满朝震惊，明神宗大怒，一气之下将他贬到雷州半岛最南端的徐闻县当典史（典史是没有品阶的，一般从事缉捕、稽查狱囚等职务）。

来到徐闻后，他见当地人轻生好斗，教育落后，于是在知府熊敏的资助下，着手创办贵生书院。两年后随着申时行的倒台，朝廷将汤显祖赦免，此时书院尚未建成，汤显祖接到调令后不得不立即动身赶往遂昌担任知县。

遂昌位于浙西南大山深处，重峦叠嶂，土地贫瘠，素有“九山半水半分田”之称。历经千辛万苦到达遂昌后，汤显祖反而心情大好，意气风发，因为“造福百姓，主政一方”是汤显祖年少时的理想。他以饱满的热情，带领全县百姓兴教办学，劝农耕作，除恶惩霸，灭虎除害，使得浙中这块僻瘠之地很快丰饶起来。汤显祖一任五年，清名惠政，弊绝风清。

虽然深受百姓爱戴，但是因触犯了当地豪强和权贵的利益，汤显祖不断招致上司的非议和地方势力的反对，最终在万历二十六年（公元 1598 年）春，选择愤然辞官，回归故里。

返回故乡临川后，汤显祖做的第一件大事就是建造一所大宅子，用来创作、会客、演戏和家宴，取名玉茗堂，自称玉茗堂主。玉茗花是一种白山茶花，在文人墨客心中象征着孤贞介洁，格韵高绝。汤显祖以玉茗花为堂名，彰显了宅院主人不谀权贵、铮铮铁骨的品格。

由于一直对吴玉瑛怀有歉疚和自责之心，经常在梦境中与亡妻相逢，故而产生创作的冲动，希望创作一部女主人公因情而死，又因情复生的戏曲剧本。遂昌主政时，汤显祖以明初话本小说《杜丽娘慕色还魂》为蓝本，因剧本早已在心中酝酿成熟，在玉茗堂一气呵成，仅用半年时间，旷世名作《牡丹亭》就创作完成。

故事早已脍炙人口，耳熟能详：女主人公杜丽娘做了一个奇妙的梦，梦见一书生持半枝垂柳来求爱，然后两人在牡丹亭畔幽会，梦醒后魂不守舍，思念成疾而命归黄泉，被埋在梅花观下。后来男主人公柳梦梅在赶考途中留宿梅花观，被杜丽娘画像所吸引，神奇的是画像中的女子竟时常出现在他的梦境里。在杜丽娘魂魄的指引下，柳梦梅掘墓开棺，杜丽娘起死回生，两人结为夫妻。之后，柳梦梅参加科举考试，但因金人入侵，发榜推迟。柳梦梅只身一人赴淮阳找岳父岳母，告知他们杜丽娘还魂和两人成婚之事，岳父杜宝非但不信柳梦梅所言，还以挖坟掘墓罪将柳梦梅严刑拷打。此事因柳梦梅高中状元而闹到金銮殿，杜丽娘坚守爱情，勇敢辩解，皇帝感慨二人的旷世奇缘，最终当场赐婚，成全了柳梦梅和杜丽娘的爱情。

《牡丹亭》是我国戏剧文学发展史上重要的里程碑。明代戏曲评论家沈德符在《顾曲杂言》中写道："牡丹亭梦一出，家传户诵，几令《西厢》减价。"汤显祖晚年这样评述："一生四梦，得意处惟在牡丹。"一经问世，便迅速在当时社会各界引起强烈反响，在青年女子中更是风靡一时。扬州女子金凤佃痴迷于《牡丹亭》，写信向汤显祖表白爱意，但因路上辗转耽搁，迟迟未收到汤显祖的回信。不仅大病一场，临死留下遗言："我死，须以《牡丹亭》曲殉。"娄江（太仓）女子俞二娘酷嗜《牡丹亭》，边读边在书页空白处写下批注，最后郁郁寡欢，"断肠而死"。汤显祖看了她的批注后，深受感动，挥笔写下《哭娄江女子二首》：

画烛摇金阁，真珠泣绣窗。
如何伤此曲，偏只在娄江？

何自为情死？悲伤必有神。
一时文字业，天下有心人。

继《紫钗记》《牡丹亭》之后，汤显祖又创作了《邯郸记》《南柯记》，四剧合称为“临川四梦”，又称“玉茗堂四梦”，从而吹响了埋葬旧时代萌发新思想的号角，成就了中国戏曲作品的高峰。

万历四十一年（公元 1613 年）二月二十七日，好友周孔教病逝于临川，享年六十六岁。周孔教一生爱国爱民，抗倭有功，深受百姓爱戴。汤显祖撰写《怀鲁公传赞》（周孔教，字怀鲁），盛赞他“容温而肃，度宽而严。留人间之正气，行壮志于当年。位高不亢，志大弥坚”。汤显祖实乃性情中人，对待朋友从不掩饰自己的情感。当年汤显祖在南京为官时，得知好友饶仑不幸死于任上，载有其灵柩的船只将经过姑孰，于是他身穿孝服，守在江边，焚香跪拜，哭声恸天。此后，汤显祖不顾众人诧异的眼光，穿孝服半年之久以表对好友的哀悼之情。

汤显祖晚年淡薄守贫，潜心佛学，自称“偏州浪士，盛世遗民”。万历四十四年六月十六日（公元 1616 年 7 月 29 日），汤显祖病逝于临川玉茗堂，享年六十七岁。其艺术成就经常被世人拿来与英国的大戏曲家莎士比亚相比较，而莎翁去世时间竟然与汤显祖是同一年。

汤显祖长子汤士蘧和次子汤大耆为吴玉瑛所生。汤士蘧在南京参加乡试时，因感染风寒不幸英年早逝。吴玉瑛过世后，汤显祖又娶了两个妻子，继配傅氏是北京名门闺秀，生了两个儿子汤开远、汤开先。汤开远是明末著名诗人、谏臣，官至监察副使，朝廷本来要升他为河南巡抚，但因积劳成疾，没来得及就任便离开人世。他曾与二哥汤大耆、四弟汤开先一起加入明末以江南士大夫为核心的政治、文学团体“复社”。汤开先是古文运动倡导者，著名诗人。汤显祖填房赵氏不育，过继侄子汤维岳为养子。汤维岳后来同样成为著名诗人，崇祯十六年（公元 1643 年），他以军功擢南宁郡司马，明朝灭亡后归隐乡中。

玉茗耐冬霜，高洁守岁寒。君子不折腰，富贵皆飘渺。奏疏陈时弊，贬谪又如何？为民谋福祉，苦累亦心甘。贤妻忧戚戚，竭虑心神伤。茹苦疲持家，劬劳育双子。撒手尘寰早，阴阳两相隔。思卿魂梦萦，长歌寄衷肠。梨园诉心曲，惊梦牡丹亭。死而又复生，只为梦中郎。陈情金銮殿，礼教难阻挡。世间真情在，不负杜丽娘。

永远不要低估爱情的力量，它可以抗争无情的命运，可以抗争冷酷的礼教，怎样传颂都不足为奇，怎么礼赞都不足为过。

爱情是一场共同成长的修养

我之与君，伦则夫妇，契兼朋友。

或与君庄言之，可金可石；

或与君谑言之，亦弦亦歌；

或与君言量薪数米，尘腐皆灵；

或与君言不死无生，玄禅非远。

南宋诗人葛天民曾创作过一首题为《迎燕》的诗："咫尺春三月，寻常百姓家。为迎新燕入，不下旧帘遮。翅湿沾微雨，泥香带落花。巢成雏长大，相伴过年华。"家永远是最温暖的避风港，古往今来，大多数夫妻都会像双宿双飞的燕子一样用毕生心血共同打造属于彼此的安乐窝，然后生儿育女，共度余生。

明朝有这样一对夫妻，在爱情中彼此见证对方的成长，二人学富五车，殚见洽闻，儿女们受他们影响也都诗文俱佳，才情横溢。他们共同居住在一个以"午梦堂"命名的宅院，中国第一个以女性为创作群体的文学家庭就此出现。

《九歌·湘君》是大诗人屈原以湘夫人的语气写出的，诗歌形象地描绘了湘夫人那种驰神遥望、祈之不来、盼而不见的惆怅与恋慕之情，表达了屈原对楚君的忠诚，希望得到楚君的眷顾与知遇和对楚国人民的无比热爱之情。

诗中曾这样描述湘夫人的美："美要眇兮宜修"。"要眇"是指"美好的容貌"，"宜修"意为"适当地打扮修饰"。这种"眇兮宜修"之美，是一种由内而外的德容之美。在古代，若要将"眇兮宜修"用于某位女子身上，那么该女子不仅要容貌出众，而且必须才气过人。

明朝万历十八年（公元 1590 年）的一天，苏州府吴江县松陵镇一户姓沈的望族迎来了家中第一个女婴的降生。只见那婴儿长得粉雕玉琢，玲珑精致，女婴父亲喜不自禁，脑中忽然闪现"美要眇兮宜修"这句话，于是给女儿起名沈宜修。

古代女子不能进入私塾读书，若想成为才女，往往离不开良好的家风与家教。幸好沈宜修出生在一个注重女性教育的大家族中，才华方得以培养和施展。让我们首先来了解一下松陵沈氏家族。

沈氏先祖原籍河南洛阳，后随宋南渡，居苏州葑门。有一支余脉因入赘松陵，而在松陵繁衍生息。松陵沈氏历代十分重视教育，无论对于男孩或是女孩，都要求知书明理，耕读传世。即使做官，辞官后他们都会叶落归根，将毕生的知识传授给自己的下一代，逐渐在当地成为有名望的文苑世家。

沈宜修的爷爷沈倬是吴江诸生，一生虽未当官，但悉心把三个儿子沈琦、沈珫、沈珣培养成了进士。

沈宜修的父亲沈珫是万历二十三年（公元1595年）进士，曾出任刑部郎中、山东东昌（今聊城）知府。万历四十三年（公元1615年），官至山东按察副使（正四品），主管兖东道的治安、司法和刑狱工作。

伯父沈琦与沈珫是同科进士，曾任山东临淄县知县、陕西高陵县知县、礼部主事。叔父沈珣万历三十二年（公元1604年）进士，官至都察院右副都御史。

沈倬有个堂弟叫沈侃，同样把几个儿子培养得非常优秀。

沈侃有一个儿子叫沈璟，是万历二年（公元1574年）进士，曾担任过吏部、光禄寺的官员，辞官回乡后，潜心研究戏曲，考订音律，为推动中华戏曲发展作出了杰出贡献。

中华戏曲源远流长，璀璨夺目，是华夏文化之瑰宝，是中华民族之骄傲，从先秦时期萌芽，宋元之际成型。到了明朝初期，形成南曲戏文和北曲杂剧两大声腔流派。明代中叶，文人剧作家在南曲戏文的基础上，对剧本的体制规范进行了进一步创新，产生了新的艺术形式——传奇戏曲，受到了文人士大夫阶层及广大中低层民众的喜爱，成为明代主要戏曲样式。万历年间，传奇戏曲创作出现了“临川派”和“吴江派”两大流派。“临川派”主张把戏曲的文学性放在第一位，开拓者是临川人汤显祖；而“吴江派”主张把音律放在第一位，开拓者正是沈宜修的从伯父（父亲的堂兄）沈璟。

沈侃的另一个儿子叫沈瓒，是沈璟的弟弟，万历十四年（公元1586年）进士，曾担任刑部郎中、江西佥事等职，是明代著名散曲家。

沈琦、沈珫、沈珣、沈璟、沈瓒因同一辈人先后荣登进士，闻达乡里，而被誉为“沈氏五凤”。

其实，沈璟和沈瓒还有一个弟弟叫沈璨，虽然读书一般，但剑走偏锋，从小喜欢舞枪弄棒，竟然考上了浙江武解元，被任命为台头营标下中军把总，沈氏家族也算是为国家培养了一名优秀的武将。

沈氏家族聚族而居，同炊共食，孩子们由留在故乡的家族长辈们共同抚养。沈宜修从小展露出极高的学习天赋。虽然不曾上过学，但由家族长辈们口授笔传，到四五岁时，已能过目成诵，八岁便能理家。这话出自沈宜修的胞弟、明代著名戏曲家沈自征所撰的《鹂吹集序》记载：“（沈宜修）夙具至性，四五龄即过目成诵，（八岁）即能秉壶政，以礼肃下，闺门穆然。”

沈自征七岁那年，母亲（沈倬第二任妻子）过世，父亲沈珫又娶妻，子女多达十一个。由于沈自征与比他大一岁的姐姐沈宜修是同母所生，所以两个孩子在一起相处时间最久。刚开始，沈自征性格叛逆，常常无缘无故对姐姐沈宜修发脾气，姐姐非但不生气，反而耐心和他讲道理。有一次，沈自征死活不肯安心读书，嚷嚷着要出去玩，结果被家人反锁在屋内，不给饭吃。见许久无人理会自己，沈自征委屈地背靠在门边伤心哭泣。沈宜修知道后，偷偷来到弟弟屋外，隔着房门耐心地劝慰他、开导他，最终沈自征听从姐姐的话开始用心念书。随着年龄的增长，姐弟二人的感情越发深厚。家族长辈们见沈宜修如此聪慧，如此懂事，对她越加疼爱，给予她的教导和传授也比家族内别的孩子更为上心。很快，沈宜修小小年纪便能诗善词，不仅题材广泛，而且形式多样，新颖的构思，灵动的遣词，阅者无不赞其有谢道韫之风（谢道韫是东晋著名女诗人）。

以书为伴的沈宜修，有着过目不忘之本领。每逢闲暇时光，她常博览群书，经史辞赋，虽为一介女流，但在学问上勤奋不辍，乐此不疲。

沈璟大约是在沈宜修出生前一年辞官回到松陵镇，可以说是看着沈宜修一点点长大的，特别疼爱这个聪慧懂事的小侄女。在沈璟教授下，沈宜修很快能够知音识曲，通晓音律，逐渐对戏曲艺术产生出浓厚的兴趣。沈璟的次女沈倩君也是远近闻名的小才女，沈宜修与沈倩君二人彼此投缘，姊妹俩亲密到无话不谈的地步。在沈璟眼中，早就将沈宜修视如己出，有时候对侄女的疼爱程度还超过自己的亲闺女，甚至后来还热心主动地帮待字闺中的侄女物色如意郎君。沈珫对这位年长自己九岁的堂兄特别尊敬，表示完全相信堂兄的眼光，全权委托沈璟为女儿挑选良婿。

经过多方打听和慎重考虑，沈璟最终看中了居住在吴江汾湖北库镇叶家埭的叶氏家族的公子叶绍袁。

汾湖叶氏是明初以来一个从经商之家逐步发展起来的文化望族。叶绍袁生于万历十七年（公元 1589 年）十一月廿四日，比沈宜修大一岁。叶绍袁的父亲叶重第是万历十四年（公元 1586 年）进士，长期担任玉田（今属河北）知县，是有名的清官。可惜，在万历二十七年（公元 1599 年），卒于贵州提学佥事任上。叶重第与袁黄是至交，叶重第曾将幼子托付给吴江芦墟镇的袁黄为养子，叶重第为了让儿子牢记袁黄的养育之恩，将儿子改名“绍袁”。这位袁黄可是大有来历，他是明代著名思想家，参加过抗倭援朝战争，晚年辞官隐居吴江。袁黄早年受教于慈云寺高僧云谷禅师，对天文、术数、水利、军政、医药等均有很深的研究，晚年自称袁了凡，著有《了凡四训》，是一本古代著名的种德立命、修身治世的教育书籍。由于此书初衷是为了教导儿子，故最初取名《训子文》。此书对曾国藩影响很大，受《了凡四训》启发，写下著名的《曾国藩家书》。由此可见，叶绍袁自幼受到的教育之深厚。沈璟煞费苦心替侄女觅得良婿，为防夜长梦多，他出面赴叶家埭登门说媒。叶家长辈见有贵客临门，忙隆重相迎。待知道沈璟来意后，叶家人无不满心欢喜，表示叶绍袁能与松陵沈氏府上的千金成就姻缘，是叶家之幸，绍袁之福。就这样，在轻松愉悦的氛围中，双方长辈订下了这门亲事。

万历三十三年（公元1605年），叶绍袁祖母病危，为给祖母“冲喜”，在家人的仓促筹备下，十五岁的沈宜修嫁与十六岁的叶绍袁为妻。虽然婚礼并不奢华隆重，但汾湖叶氏与松陵沈氏的联姻，还是让整个吴江为之轰动。新娘是“欣然而长，鬓泽可鉴”，新郎具潘安之貌，子建之才。几乎所有人都羡慕这对新人是天作之合，夸赞他们是“琼枝玉树，交相映带”。

婚后第二年，叶绍袁养父袁黄去世，卒年七十四岁。先后失去父亲和养父的叶绍袁心头时常隐隐作痛，他多么希望两位亲人能够看到自己功成名就的那一天啊！好在如今已然成家，每天佳人陪伴，生活增添了无限情趣。

情窦初开、新婚燕尔的小夫妻，无论是花前月下，还是泛舟湖上，都有诗词相和，茶酒助兴。二人情投意合之举，万般恩爱之态，羡煞旁人。

然而，古往今来，越是才华横溢的媳妇，就越容易遭到古板婆婆的不满，沈宜修也未能幸免。

叶绍袁的母亲冯太夫人觉得儿子自从结婚以后便整天不离媳妇左右，经常听到二人打情骂俏之声，很是不舒服，觉得这个儿媳妇不够安分守己，担心她会让儿子沉湎于儿女私情，不思进取，耽误他考取功名，影响他的仕途。于是，婆婆告诫沈宜修要放弃作诗，专心操持家务，严守妇道。

面对婆婆如此不通情理的要求，沈宜修虽然心有怨言，但她为了家庭和睦以及丈夫的前程，没有违背婆婆的意愿，而是委屈自己，无奈地暂时放弃了心爱的诗歌创作，一心帮助婆婆料理家务。婆婆笃信佛学，为拉近与婆婆的关系，沈宜修也静心研读佛经。婆婆诵经时，沈宜修时常在一旁陪侍。

除了做好儿媳的本分，沈宜修还不遗余力地协助丈夫备考科举。婚后数年，叶绍袁为了科举考试，一头扎进学馆埋头苦读，每作策论文章，他都要拿回家中，请沈宜修批评修改。身为妻子的沈宜修，则是义不容辞，常常为其指谬归正，独到的见解，总能让叶绍袁心服口服。为了更好地辅助叶绍袁，沈宜修还经常帮他抄写一些优秀的应试范文。不少叶绍袁的朋友因而有幸见到沈宜修漂亮的书法，纷纷叹其有卫夫人之风（卫夫人，东晋著名女书法家）。叶绍袁用八字概括与妻子的关系："伦则夫妇，契兼朋友"，足见对沈宜修的尊重与倾慕。

可是，即便夫妻二人同心协力，叶绍袁早年科举还是多有不顺，接连失利。尽管如此，沈宜修丝毫没有抱怨，总是在丈夫意志消沉的时候加以鼓励，帮他重拾信心。有一次丈夫准备离家赴考前，沈宜修赋诗《甲子仲韶秋试金陵》相送，"而今莫再辜秋色，休使还教妾面羞"之句，风趣而又委婉地表明了自己的希望和期待，调笑中带着对丈夫的一种激励。

叶绍袁多年的考场失意，让本已家道中落的叶家雪上加霜，随着婆婆日渐老迈，沈宜修挑起家庭全部重担，照顾一家老小。面对家庭收入每况愈下，沈宜修经常瞒着所有人，偷偷变卖自己的陪嫁首饰来补贴家用。

尽管沈宜修整日忙碌，苦心持家，那位难伺候的婆婆并未体谅儿媳妇的一片苦心，不称心时，常将矛头直指儿媳妇，拿儿媳妇撒气。可能是幼年丧母的关系，沈宜修始终将婆婆视为生母一样尽心侍奉，无半点怨恨之心。沈自征曾说："矜严事之，每下气吞声柔声犹恐逆姑心。迨夫儿女林立，姑少有不怿，姊长跪请罪，如此终身。"

贤良淑德的沈宜修，还是一个非常爱整洁的女子。据叶绍袁《亡室沈安人传》记载："性好洁，床屏几幌，不得留纤埃。"新婚时的一床翠绡床帏，垂挂三十年"寒暑不易，色旧而洁整如新"。来府上做客串门者也都夸耀叶宅院落干净整洁，屋内一尘不染。这从一个侧面反映出沈宜修对待家务的细致和对家人的关爱。

天启二年（公元1622年），沈宜修父亲沈珫病逝，享年六十一岁。身为岳丈的沈珫，也未等到女婿考取功名的那一刻。

好在皇天不负有心人。三年后，三十六岁的叶绍袁终于守得云开见月明，与养父袁黄之子袁俨同时金榜题名，取为进士，从此正式步入仕途。

最初，叶绍袁被授命为南京国子监武学教授，后迁国子助教，不到二年时间，再改任工部主事（正六品），可谓是苦尽甘来，前景光明。

如今丈夫功名在身，仕途顺遂，沈宜修却丝毫不改她往日的谦和豁达作风，不做任何仗势欺人之举。她严于律己，宽以待人，就算是管理下人，也都是循循善诱，不曾居高临下，即便他们有错，沈宜修也总是先理清事情原委，指出问题所在，规劝他们加以改正，而不是直接进行严厉的指责和惩罚。

不仅这样，沈宜修的慷慨善良，更是值得敬佩的高贵品质。

叶家祖上曾一度广布田产，但因不善经营，只得靠变卖田产来维持生计，传到叶绍袁手里时，已然所剩无几。手中的这些少量田产，也是雇佣佃户去种植，家中的主要收入来源就是佃户们每年上缴的田租。遇上灾年，沈宜修会将田租降低至微乎其微，宁可自己府上节衣缩食，也要保证佃户们的基本生活。

叶绍袁为官之初，俸禄却不多，有时还要借债度日。即便这样，当友人来访，请求接济之时，沈宜修依然主动大方地典当自己的首饰，换钱相送，绝无一丝不悦之色。叶绍袁知道后高兴地表示日后会给娘子买更新更好的首饰。沈宜修笑道:“既已委身于君,又何云报?”其实，叶绍袁根本不知道妻子的陪嫁之物已所剩无几。直到叶绍袁任工部主事后，俸禄得到明显改善，远在吴江的沈宜修及其儿女们的生活才逐渐摆脱窘迫。

孤身一人沉浮于宦海的叶绍袁，无心官场的拉帮结派、结党营私，尤其是看不惯魏忠贤为首的阉党擅权祸国，所以，他厌倦了官场生活，产生了归隐之心。对家中妻儿的牵挂和对母亲的思念，更让他下定决心逃离官场。在叶绍袁一再坚持下，以母亲冯氏年事已高为由，陈情养亲，去意决绝，终被朝廷获准辞官返乡。据叶绍袁撰写的年谱记载:崇祯三年（公元 1630 年）十一月，奉旨允归终养。

就这样，思乡心切的叶绍袁，终于如愿回归故里，得享天伦之乐。沈宜修一共为叶家生下了八男三女，在其言传身教的影响下，子女皆为人中龙凤。考虑到家中人丁兴旺，叶绍袁辞官前，便未雨绸缪，拿出多年积攒的几乎所有财产,请人将故乡的老宅进行了改建,取名“午梦堂”。

午梦堂在汾湖北滨，占地三十多亩。叶绍袁在《年谱别记》中这样描述：“午梦堂西偏有小楼，窗棂四达，梅花环绕，余名曰‘疏香阁’。其南相对有轩曰‘芳雪’，庭无杂树，梅花之外只梧桐、芭蕉数本，右翼为廊，以通往来，昭齐、琼章分居之。琼章好楼居，故居阁上，枯韵分笺，唱和不辍，姊妹相师友也。”其长女叶纨纨住芳雪轩，三女叶小鸾住疏香阁。此外，还有叶重第所提匾额的清白堂、叶绍袁书房谢斋、叶绍袁夫妇寝室秦斋……

这所大宅院内，亭台楼阁之雅，山水池石之胜，无不透露出宅院主人的风雅品味和审美情趣。叶绍袁夫妇偕隐汾湖，与子女唱和，以诗词自娱，文采斐然的一家人题花赋草，镂月裁云，诗词传韵，欢笑绵延，成为江南地区风靡一时的佳话。

午梦堂是叶绍袁与沈宜修夫妇为这个大家庭精心打造的梦幻乐园和避风港湾，也是明清江南文人追求雅致生活的缩影。剧情本该朝着更加完美的方向发展，可惜好景不长，上天非要无情地篡改剧本，充满诗情画意的午梦堂将遭遇凄风楚雨，叶家人将迎来分崩离析。

那是崇祯五年（公元 1632 年）的秋天，属于沈家的厄运，悄然降临。首先是年仅十七岁的叶小鸾，在成婚的前五天，突然因急症而卒。沈宜修无法接受突如其来的噩耗，悲痛写下《哭季女琼章》，其中“抚诗深闺十七年，幽兰明月方可妍”“折玉碎珠何太早？魂返无术心空捣”“恨及江淹也未闻，衰多庾信难为堪”等诗句，让人闻之断肠。

叶小鸾一生与林黛玉有太多相似：都是出生在苏州，都是仙子绰约的才女，美到什么程度？沈宜修这样描写叶小鸾：“鬒发素额，修眉玉颊，丹唇皓齿，端鼻媚庸，明眸善睐，秀色可餐，无妖艳之态，无脂粉之气。比梅花，觉梅花太瘦；比海棠，觉海棠少清。”叶小鸾与林黛玉的性格也相符。据沈宜修回忆，叶小鸾“性高旷，厌繁华，爱烟霞，通禅理”，都是从小就在舅父舅母家长大。由于胞弟沈自征和弟媳张倩倩的三子一女皆早亡，沈宜修将仅四个月大的叶小鸾交予胞弟夫妇代为抚养。张倩倩与沈宜修还有一层更深的关系：张倩倩是沈宜修的表妹。文学素养极高的张倩倩也是一位女诗人。在张倩倩的悉心培养下，叶小鸾逐步展现出才女的风采。直到叶绍袁中了进士，家中经济逐渐好转，沈宜修终于将十岁的叶小鸾接回午梦堂。因感念舅父舅母的养育之恩，叶小鸾刚回家就在居住的阁楼前栽种了一株蜡梅，此楼便得名“疏香阁”；根据叶绍袁《续窈闻》中记载叶小鸾曾自述的“勉弃珠环收汉玉，戏捐粉盒葬花魂”，与林黛玉的“冷月葬花魂”异曲同工；此外，叶小鸾就连死亡年龄竟然都与林黛玉一致，均为十七岁。短暂的生命中，叶小鸾留下诗一百零三首、词九十首、曲一首。晚清著名词论家陈廷焯评叶小鸾：“闺秀工为词者，前有李易安，后则徐湘苹。明末叶小鸾较胜于朱淑真，可为李、徐之亚。”不仅将叶小鸾与李清照相提并论，而且将她列入古代十大才女之一。

大姐叶纨纨居住的芳雪轩正对着疏香阁，姊妹俩经常你来我往，畅谈心扉。叶纨纨十七岁时奉父母之命嫁给了袁黄之孙、袁俨之子袁崧。然而夫妻没有什么共同语言，彼此相处十分冷漠。在随袁家人远赴广东任职时，叶纨纨由于过度劳累，没有及时调养，落下病根，身体日渐虚弱。后来，她终于随袁家人离开广东，迁至离汾湖不远的地方安顿下来。此时，袁崧与叶纨纨的夫妻关系已名存实亡。婚姻的不幸让叶纨纨倍感珍惜亲情，叶小鸾时常给她去信，也会亲自去袁府看望她，给予叶纨纨精神上莫大的慰藉。叶小鸾去世前，叶纨纨还在思索着为妹妹写催妆诗，得到噩耗后，叶纨纨强忍泪水奔向娘家。等来到叶小鸾灵前，扶棺恸哭。本就身子虚弱的大姐，哭晕过去好几次，终于卧床不起。

由于悲伤过度，没过两个月，也紧随小妹而去。临终时，她强撑着虚弱不堪的身子，写下了人生中最后十首诀别诗《哭亡妹琼章十首》。最后一首道出了叶纨纨当时的健康状态可谓心如死灰,形如槁木，深陷丧妹之痛而无法自拔。

“黄埃萧索草烟枯，草色从今带泪沾。断尽回肠难再续，漫将枯管病中拈。”

身为母亲，沈宜修对长女叶纨纨七年来的不幸婚姻深感心痛与自责，在所作的《哭长女昭齐》诗中哀叹道：“半生只与愁为伴，七载尝从闷里催。赴唁归宁伤竟夭，可堪哀处更添哀！”

每当望见人去楼空的芳雪轩和疏香阁，沈宜修都不禁心如刀绞，泪眼婆娑。她把痛彻心扉之情化为一首词《忆秦娥·寒夜不寐忆亡女》：西风冽。竹声敲雨凄寒切。凄寒切。寸心百折，回肠千结。瑶华早逗梨花雪。疏香人远愁难说。愁难说。旧时欢笑，而今泪血。

接连失去两个好姐妹，二姐叶小纨和母亲一样，哭得肝肠寸断，撕心裂肺。在伤痛之余，她创作出一部名为《鸳鸯梦》的杂剧以寄托哀思，她将姐妹三人的故事写入戏中，演化成蕙百芳、昭綦成、琼龙雕三位书生义结金兰、生死离别的剧情，情真意切，令人动容。叶小纨也因此成为我国戏曲史上第一位有作品流传的女戏剧家。

紧接着三年之后，厄运再度向叶家人袭来。崇祯八年（公元1635年）二月，叶绍袁次子叶世偁因科举落第抑郁而终。三月，痛失孙儿的祖母冯氏因哀伤过度，溘然长逝。四月，八子叶世儴年仅七岁，不幸夭折。

一连串噩耗的发生，都来得如此猝不及防，毫无征兆，令沈宜修心力交瘁，郁结于胸，导致再也无力支撑羸弱的身躯，一病不起。为了慰藉重病的妻子，叶绍袁写了一部小说《琼花镜》，用女儿位列仙班之后种种幸福的幻想来缓解妻子的思念之痛。重病期间，叶绍袁始终不离妻子左右，尽心照料，不敢怠慢。然而家道中落，连给妻子延医请药的费用都是四处筹借来的。叶绍袁不由得怨由心生，他怨自己无能，怨老天不公，竟化成了一百多首诗，在夫人亡故后集成一部诗集《秦斋怨》。

就在叶世偁离世的同一年九月四日夜，深陷在对逝去长辈和子女无限怀念中的沈宜修，最终撒手人寰，终年四十六岁。叶绍袁记录了那个令他痛彻心扉的夜晚："犹与余（叶绍袁）对谈，但稍气弱耳。至子夜，息如睡者。须臾，侧卧而逝。"沈宜修深知生死有命，不可强求，能与先逝的儿女们在黄泉团圆也不觉得孤寂。只是有一项工作还未完成，甚是遗憾。沈宜修晚年时广泛搜罗江南名媛数百篇诗文，她希望后人能够永远记得这些有才华且不出名的女子，她坚信女子完全有能力为社会作出与男子同样的贡献，理应受到社会更多的认可和尊重。临终之时，她将诗集整理与出版的重任交给了丈夫，并给这部关于女性文学的总集取名叫《伊人思》，书名取自《诗经》中的"所谓伊人，在水一方"。在叶绍袁的帮助下，《伊人思》终于公之于世，成为中国第一部女子为闺秀才媛辑撰的作品集，它对于研究明代女性文学提供了不可磨灭的文献价值。

沈宜修是明朝末年的一个柔弱女子，是乖巧的女儿、孝顺的儿媳、贤惠的妻子、温柔的母亲，是时人倾慕的女诗人，更是后世女性敬仰和学习的典范。除了辑撰《伊人思》，沈宜修一生著有诗集《鹂吹集》，一共收录了八百余首诗词，因此，她成为明朝存诗存词最多的女作家。

明朝灭亡后，叶绍袁将四个儿子（除了之前提到的叶世偁和叶世傛早逝之外，另有两个儿子因科举不第抑郁而亡）安顿在圆通庵，将女眷安顿在西方尼庵。圆通庵是叶绍袁祖母和母亲出资建造，而西方尼庵是叶绍袁母亲常去之所，老夫人与庵主私交甚密。安顿好家人之后，叶绍袁于清顺治二年（公元 1645 年）八月二十五日冒雨离开汾湖赴栖真寺的简庵遁入空门，名木弗，号栗庵。他将妻女所著诗编成《午梦堂全集》。

之后，叶绍袁偷偷迁居浙江平湖表弟冯茂远家，编辑了一部关于明末死节诸臣的书，书尚未编完，不幸于清顺治五年（公元 1648 年）九月二十七日因病去世，享年六十岁。叶绍袁一生为沈宜修写了一百二十封情书，用情之深，爱妻之切，非常人所及。

叶沈二人生育的八子三女中出名的人物除了三个姐妹外，六子叶燮（原名叶世倌）也很优秀，最终成为一位著名诗评家。叶燮六十三岁那年，府上有一位三十三岁的晚辈前来拜访，自报家门是时任苏州府织造曹寅。据说，大名鼎鼎的曹雪芹便是这位曹寅的孙子。有越来越多的人相信曹雪芹笔下《红楼梦》的一众痴情女子闪烁着午梦堂叶氏女儿们的身影，而曹公创作时更是很大程度地吸收了叶燮的美学思想。除沈宜修与女儿们外，跟叶绍袁夫妇有亲戚关系者中也有很多文学出众的女性名人，如李玉照、沈宪英、沈华鬘、沈智瑶、张倩倩等，她们“靡不屏刀尺而事篇章，弃组纫而工子墨”，形成了以沈宜修为核心的女性作家群体，为中国女性发展史和文学史留下了光辉灿烂的笔墨。

在中国文学史上，有不少学者认为，汾湖叶氏是继曹氏（曹操、曹丕、曹植）、苏氏（苏洵、苏轼、苏辙）后的第三个文学大家庭。如此辉煌成就，叶绍袁与沈宜修夫妇二人功不可没。

在明代词坛衰颓之际，午梦堂女词人的出现，犹如一袭清风，令词坛风貌为之一振。沈宜修用其个人的才华与魅力影响和带动了周围女性逐步摆脱“女子无才便是德”的封建思想束缚，较大推动了明末清初女性自我意识的觉醒。叶绍袁同样功不可没。叶绍袁在《午梦堂集》序中说:“丈夫有三不朽，立德立功立言，而妇人亦有三焉，德也，才与色也，几昭昭乎鼎千古矣。”正是有了叶绍袁不断支持、鼓励与默默付出，才为世人留下了众多词采清丽、气韵不俗的晚明词作，成就了北厍午梦堂“叶叶流芳午梦堂，天风吹下杜兰香”之美名。

爱情最迷人之处往往是遗憾

君自垂千古，吾犹恋一生。
君臣原大节，儿女亦人情。
折槛生前事，遗碑死后名。
存亡虽异路，贞白本相成。

爱情里，遗憾无处不在。“人面不知何处去，桃花依旧笑春风”，这是崔护表达无缘错过的遗憾之美；“但见泪痕湿，不知心恨谁”，这是李白表达痴心错付的遗憾之恨；“还君明珠双泪垂，恨不相逢未嫁时”，这是张籍表达生不逢时的遗憾之叹……

祁彪佳和商景兰本是明朝时期一对世人羡慕的“金童玉女”，可惜二人身处乱世，命运为主人公出了一道难题：是选择变节以图富贵安逸，还是选择殉节以明坚贞之心？祁彪佳选择了后者。爱情不能天长地久总叫人遗憾，但这种舍小爱顾大义造成的遗憾难道不是一种伟大的浪漫吗？

古越绍兴，历史久远，山明水秀，文人荟萃。“古有三圣（尧、舜、禹），越兼其二。”上古时代，大舜、大禹就与绍兴结下了不解之缘，二圣遗迹遍布古越。到了明朝，朱元璋改元朝时的绍兴路为绍兴府，下辖山阴、会稽、萧山、上虞、余姚、诸暨、新昌、嵊县八县。明朝二百七十六年历史中总共产生九十位状元，按照地域划分，浙江以二十人位居第一。这二十位状元中，又以绍兴府（含余姚）为最多，独占七位。“明代三才子”之一的山阴人徐渭、“千古第一完人”的余姚人王阳明均出自明朝时期的绍兴府。

自嘉靖时期起，浙江会稽悄然出现了一个世代为官的商氏家族。这个家族祖上是北宋著名诗人商倚。北宋末年，商倚与长子商佐追随宋高宗南渡，商倚被封为朝议大夫，商佐被封为朝散大夫兼两浙路转运使。之后，商佐孩子们定居于嵊州，再后来，有一支迁移至了会稽。

由于会稽商氏家族特别注重教育，子孙都颇有文化，逐步开启了贤达辈出、累世簪缨的辉煌。

嘉靖二十年（公元 1541 年），居住于会稽的商倚后人商廷试中了进士，一生历任刑部福建司主事、广西司员外郎、陕西司郎中、黄州知府、山东按察司副使等职。商廷试长子商为正为隆庆五年进士，官拜大理寺少卿，被封“燕阳公”。商为正长子商维河被封“景亳公”。商维河的孩子们同样很有出息，长子商周祚担任过吏部尚书、兵部尚书，次子商周初曾任兵部给事中、常州太守等职。这些只是会稽商氏中的代表人物，家族培育出的文人墨客不胜枚举。

万历三十三年(公元 1605 年)十月初八，商周祚府上诞下一千金，取名商景兰。又过了没几年，商景兰的妹妹商景徽出生。谁都没料到，这两个女孩日后成了明末清初女诗人中的翘楚。作为姐姐的商景兰，一生更是富有传奇色彩。

商景兰自幼天生丽质，貌美如花。出身名门的商景兰从小接受良好的教育，德才兼备，能书善画，尤其喜欢诗词歌赋，不仅能够即兴吟诵，而且可以临摹创作，被公认为越中才女。

转眼间，商景兰到了适婚年龄。古代婚姻讲究门当户对，望衡对宇。在当地，能配得上商周祚掌上明珠的家族寥寥无几。绍兴府最有名望的四大家族除了商家，另外三个是祁家、张家、朱家。

祁家祖上在北宋时期从山西韩城南迁而来，辗转定居于山阴。子孙教育方面也很是成功，出了不少清正廉明的官员。现如今，祁家的老爷子名叫祁承㸁。他是万历三十二年的进士，官至江西布政司右参政。祁承㸁一生酷爱读书，简直到了嗜书如命的地步。据说，他为了疯狂购书，居然把妻子的陪嫁品都搭了进去。后来，不幸遭遇火灾，苦心收集的典籍荡然无存。祁承㸁依然不改初心，继续广泛收集图书，一生聚书竟达九千多种，十万余卷。为此，他专门建立了藏书楼，名叫“澹生堂”。澹生堂与宁波的天一阁齐名，成为后世文人学子心中的圣地。

万历三十年十一月二十二日（公元1603年1月3日），祁承㸁四十岁那年，祁家四公子诞生，取名祁彪佳。祁彪佳自幼聪明懂事，谦虚好学，样貌俊秀，讨人喜欢。他七岁时，祁家款待宾朋，酒足饭饱之余，有一位祁承㸁的同僚，借着酒劲想逗逗祁彪佳。此人早就听闻祁家有位小少爷享有“神童”之美誉，今日得见，就想出题考考这孩子，看看是否具有真才实学。于是，他把祁彪佳唤来，笑呵呵地问：“孩子，你会对对联吗？”祁彪佳点头称会，那人思索片刻后，轻松地将瘦小的祁彪佳高高托起，稳稳地放在庭院一棵老树的粗壮树杈上，大声说道：“听好喽，我的上联很简单，四个字：猢狲上树。”祁家人脸上多少有些不快，这要是小公子答不上来或是答得牵强附会，简直是被人当猴耍，传出去实在丢祁家脸面。祁彪佳听了上联，知道此人来者不善，显然在调侃自己。心说，我可不能给自家的长辈们丢脸。于是，灵机一动后，用清澈地嗓音从容不迫地说：“我的下联也很简单，同样四个字：飞虎在天。”哇！在场所有人无不拍案叫绝。这对联不仅对得非常工整，而且意思很贴切。祁彪佳名字里有一个“彪”字，就是“小老虎”的意思。小小年纪被人突然抱起放在树杈上，居然处事不惊，气定神闲、快速而巧妙地给出答案，实在不是寻常孩子所能及，众人纷纷在祁承㸁面前夸赞，称此子日后必成大器。

借助父亲藏书楼这一得天独厚的优势，少年祁彪佳把自己完全沉浸在浩渺的书海里，很快成了一位少年得志的人中俊杰。他不仅早早地考上秀才，而且院试成绩名列榜首。万历四十六年（公元1618年），十五岁的祁彪佳就已顺利通过乡试这一关，成为举人，意味着他见官不必跪，可以豁免赋税和徭役，当然如若继续努力，晴耕雨读，将来有望入仕拜官，显赫一方。

祁彪佳与商景兰两人从小在当地就有颇高的知名度，祁、商两家对彼此的孩子都甚为欣赏，最终两大家族水到渠成，结为联姻。万历四十八年（公元1620年），十五岁的商景兰嫁给了十七岁的祁彪佳。

婚后，夫妻二人琴瑟和鸣，芙蓉并蒂，花前月下，卿卿我我，谈诗论赋，娓娓不倦。一代诗宗、“浙西诗派”创始人朱彝尊曾经对这一对才子佳人赞誉有加：“祁公美风采，夫人商亦有令仪，闺门唱随，乡党有金童玉女之目。”（出自《静志居诗话》）

清朝大诗人、文学家袁枚也羡慕祁彪佳夫妻郎才女貌，天作之合：“前朝山阴忠敏公祁彪佳，少年美姿容，夫人亦有国色，一时称为金童玉女。”（出自《随园诗话》）

两年后，也就是天启二年（公元1622年），祁彪佳高中进士，正式步入仕途。同时，他逐渐在散文和戏曲领域展露出自己的才华，商景兰对丈夫的爱好给予鼎力支持，经常将自己对文学和戏曲艺术的感悟同丈夫交流分享，两人的日子过得既充实又温馨。

天启三年（1623年）冬，祁彪佳赴京谒选，被授予福建兴化府（今莆田市）推官（审判官）。临行时，祁彪佳跪拜父亲请求为官之道，父亲沉默不语。祁彪佳离开家门后，家人疑惑不解地问祁承㸁为何不做解答，祁承㸁说：“如果学游泳之人始终依赖帮助漂浮的壶瓮，需要有人扶着胳膊才能下水，那么永远学不会游泳。吾儿新官上任，我能为他做的事情就是帮他打翻心中的壶瓮。”果然，祁彪佳不负所望，秉公执法，断案有方，受到当地百姓的爱戴。当时，瘟疫在全国各地蔓延，兴化府也难以幸免。祁彪佳一方面严厉打击奸商哄抬物价、囤积居奇等违法行径；另一方面积极参与救荒赈灾、筹措药物、维护治安等工作，令身边同僚对这个年轻人肃然起敬、刮目相看。渐渐地，祁彪佳的事迹不仅在百姓中传开，而且通过地方官员之口传至朝廷。此时的明朝正处于内忧外患、天灾人祸交织之下，正需要这样的济世安邦的能臣干吏。怎奈父亲祁承㸁突然病逝，祁彪佳不得不回家丁忧。服阕期满后，朝廷立即召他入京考选授官，结果祁彪佳被授福建道御史。此后又担任苏松巡按御史、河南道监察御史，均取得了不俗的政绩。这么多年离家外任，与妻子商景兰时聚时散，祁彪佳心里始终只容爱妻一人，有不少亲戚朋友劝他纳妾，他都断然拒绝。有一次在京城，好友高亦若来访，听闻祁彪佳因对北方水土不服加上冬日异常寒冷导致经常失眠，高亦若就提议让自己相貌出众的婢女来侍寝，并表示对此事保密。本以为祁彪佳会笑纳，没想到祁彪佳当场就生气地一口回绝，责备好友这是将自己陷于对妻子的不忠，两人不欢而散。

崇祯六年（公元 1633 年），祁彪佳因得罪首辅周延儒而获罪并降俸。两年后，对官场心灰意冷的祁彪佳，上疏乞归奉母得到朝廷恩准，回到会籍故里过起了闲居生活。

在一次与妻子外出游玩的过程中，夫妻二人发现离家三里处一个叫寓山的地方，山水秀美，风景宜人，于是他们产生了一个大胆的想法：在此地修建属于自己的私家园林。

整座园林占地约十余亩，由祁彪佳设计，运用虚实相映、聚散结合的特色，园内创设布局芙蓉池、玉女台、回波屿、试莺馆、归运轩、远山堂、梅花阁、梅坡等 48 景，耗时近三年呕心沥血的精心打造，园林主体得以完工，取名寓园。设计风格上，此园与苏州园林有很大不同：苏州园林一般采用宅园分置格局，而寓园的格局是半山半水结构；苏州园林绝大多数以假山真水为主要特色，而寓园则是以真山真水为主要特色。寓园集越中园林之大成，一直被学术界公认为越中园林之典范。

祁彪佳不仅设计整个寓园布局，而且几乎每日早出晚归，参与勘察，督促进度，指导施工，优化方案，栽种树木。用他自己的话讲，为了此园，他“朝而出，暮而归。祁寒盛暑，体粟汗浃，不以为苦。两年以来，囊中如洗。予亦病而愈，愈而复病，此开园之痴癖也。”（出自祁彪佳《寓山注》的“序”）

为什么“不以为苦”？只因这寓园寄托着祁彪佳对夫人商景兰的全部爱意，正是这份深厚的爱，才会让祁彪佳为了呈现给爱人“无一水不秀，无一石不奇”的景观效果忙碌到近乎痴狂。

寓园第一次开园日，祁彪佳特意选择商景兰的生日当天。那日，寓园内高朋满座，烟花璀璨，丝竹之音响彻夜空，梨园曲目层出不穷。商景兰望着眼前“曲池穿牖，飞沼拂几，绿映朱栏，丹流翠壑”如仙境般的美景，泪光盈盈，笑颜盛放，小鸟依人般倚在丈夫的肩头，不知不觉中与周围的园林景致共同构成了一幅温润动人的唯美画卷。

夫妻二人并未打算闭门谢客，独享寓园，而是允许四方百姓到此游玩。祁彪佳好友、著名史学家、文学家张岱曾作诗赞叹：“春郊漆漆天未曙，游人都向寓山去。”这也充分体现了祁彪佳“君子与民同乐”的思想。

平日里，祁彪佳有写日记的习惯，他从不吝啬用文字表达对妻子的呵护和爱怜，通过他的日记我们知道：当他只身一人远赴异地为官时，商景兰会不时前来探望，两人重逢后互诉衷肠，“长途之辛苦，旅邸之寂寞，交相慰藉”；等到了商景兰过生日的那天，他会在山中挂满花灯，制造一些小惊喜，只为博得佳人一笑；当商景兰身患重病时，他更是绞尽脑汁设法帮其恢复健康：又是请名医张景岳为妻子诊脉医治，又是为了给妻子配药托好友邹培宇选购上好的人参，大雪过后，更是去系珠庵礼佛，祈求保佑商景兰平安……

诗情画意的场景还有很多：“（壬申二月二十日）暇则与内子坐小

亭，看落日晚霞”“（乙亥六月初十日）午后偕内子买湖舫，从断桥游江氏、杨氏、翁氏诸园，泊于放鹤亭下。暮色入林，乃放舟西泠，从孤山之南，戴月以归”“（乙亥六月二十三日）偕内子放舟于南屏山下。予熟寐于柔风薄日中，梦魂栩栩，为乃声所触醒。自雷峰塔移于定香桥，闲步堤上，值微雨乍至，从湖心亭归庄”……

还有一些有意思的生活场景，虽然琐碎，但很温馨：“与内子至寓园，督奴子种瓜菜，阅《楞严经》”“至寓山，督石工筑坝。午后，复与内子至，种花树于两堤”“至寓山，内子督诸婢采茶，予督奴子植草花松径中”……

除了日记，祁彪佳也曾在寄往其岳父的书信中，这样夸赞商景兰：“令爱妇道克修，家慈而下，盛称令媛。”

用现代人的眼光看，祁彪佳绝对是一个帅气、浪漫、专情、顾家的集才子与暖男于一身的完美型男人。当然，商景兰也值得祁彪佳一生宠爱，她被世人公认为江南贤媛，明末清初词人、骈文家陈维崧（明末四公子之一陈贞慧之子）在《妇人集》中评价她：“会籍商夫人，以名德重一时。”

夫妻二人将生活过成了童话，把浪漫推到了极致：花下酌酒，焚香品茗，观云听泉，抚琴弄月，夕霞泛舟，踏雪寻梅……世人眼里，神仙眷侣般的生活莫过于此。然而，此时的大明王朝已经大厦将倾，气数已尽。属于商景兰的这份幸福，在明朝覆亡、丈夫殉国的那一刻戛然而止。

崇祯十五年（公元 1642 年）冬，朝廷令祁彪佳入京选官。次年，他被任命为河南道掌道御史，这已是祁彪佳第三次入仕。虽然任上的政绩有口皆碑，但祁彪佳不愿卷入永无休止的党争旋涡，于崇祯十七年（公元 1644 年）正月，祁彪佳以身体严重不适为由提出辞官。尽管朝廷没有批准，去意已决的祁彪佳还是抱病踏上回乡归途。

与此同时，闯王李自成于同年一月在西安称帝，建立大顺政权，年号“永昌”。随即亲率二十万大军北上，矛头直指北京。二月初八，大顺军攻下太原，山西大半沦陷，北京失去了山西这一重要屏障，形势已到了岌岌可危的地步。三月，随着李自成的大顺军向京城的步步紧逼和清军向关内的大举进攻，明朝官员们人人自危，尤其是天子脚下的朝臣都想好了各自的退路。有的准备推戴和辅佐李自成，有的私自与清军联络勾结，有的忙于将个人资产转移至江南富庶地区，有的辞官隐身故里以求明哲保身。

祁彪佳本可以继续南下，返回家乡，而他却在国家危亡之际，毅然决然地选择了转身北上！去京城，去护驾，去保国。明知道逆行意味着以身犯险，意味着九死一生，但祁彪佳牢记“食君之禄，忠君之事”之古训，早已将生死置之度外。

然而，局势恶化得实在太快！三月十五日，李自成的大顺军抵达居庸关，守军弃械投降，北京城外最后一道屏障失守。三月十六日傍晚，大顺军先锋已抵达北京城下。三月十七日，大顺军集结完毕，开始攻城。守军毫无斗志，一触即溃。三月十八日夜，大顺军攻入北京外城。十九日拂晓，崇祯登上御前殿，亲自鸣钟召集百官入宫觐见，但文武百官没有一个出来面圣。三十四岁的崇祯皇帝在司礼监太监王承恩搀扶下来到万寿山（俗称煤山），在寿皇亭（俗称红阁）边上的海棠树下自缢而亡。当日上午，大顺军顺利攻入内城各城门。

祁彪佳行至山东附近，见到遍地皆是逃难的灾民。好心的灾民告诉他前路已不能通行，劝他速速南撤。正在犹豫之际，关于崇祯已死的消息不断蔓延，种种迹象表明大明王朝已亡，祁彪佳无奈只得南下。本已羸弱的身躯，外加急火攻心，祁彪佳勉强行至南京终于一病不起，靠友人精心照顾才慢慢恢复过来。此时，福王朱由崧在史可法的护佑下抵达南京。不久，福王称帝，建立弘光政权，任用祁彪佳为大理寺寺丞擢右都佥御史转苏松督抚。祁彪佳日夜奔忙于江南各地会见当地官员，了解江防部署，收聚溃散明军，安抚难民，开馆礼士，力图挽救南明危局。无奈，朱由崧称帝后沉迷酒色，重用佞臣，导致荒废朝政，民怨鼎沸。由于实在看不惯马士英、阮大铖排挤陷害史可法、顾杲、刘宗周等东林党人，祁彪佳愤然辞官。弘光元年（公元 1645 年）五月，朱由崧被清军俘获，押送北京后被处死。朱由崧死后，潞王朱常淓于六月初八在杭州监国。潞王邀祁彪佳速去杭州，委以他兵部侍郎之重任，然而人还未上任，清兵已至。六月十三日，贪生怕死的潞王投降清军，不久也被押送至北京处决。

六月底，清廷礼聘祁彪佳入仕，考虑到祁彪佳会回绝，于是逼迫他必须出来见一面。祁彪佳绝食数日，族人劝说他只要出来应付一下，哪怕不去为官，便不会起什么祸端，祁彪佳不予理会，心中已抱定殉国之决心。闰六月六日（7 月 28 日）夜半，祁彪佳哄着家人纷纷入睡之后，一口气写下一首绝命诗和三封信。一封是给叔父祁承勋的，一封是给三哥祁骏佳的，还有一封是给妻子商景兰的，然后他自沉于寓园梅花阁芙蓉池中。《明史》记载：“给家人先寝，端坐池中而死。”此时南明朝廷由鲁王监国，鲁王得知祁彪佳死讯，追赠其为少保兼兵部尚书，谥忠毅公。清朝皇帝顺治听闻后，也心生敬意，赐祁彪佳为少傅兼太子太傅兵部尚书，谥忠敏公。

先来看一下祁彪佳留下的绝命诗：“运会厄阳九，君迁国破碎。鼙鼓杂江涛，干戈遍海内。我生何不辰，聘书乃迫至。委贽为人臣，之死谊无二。光复或有时，图功审机势。图功为其难，殉节为其易。我为其易者，聊尽洁身志。难者待后贤，忠义应不异。余家世簪缨，臣节皆罔赘。幸不辱祖宗，岂为儿女计。含笑入九原，浩气留天地。”

《别叔婶书》这样写道："侄男彪佳，遭时不造，为北师聘命所迫，念臣子之谊,之死靡他,今且永诀矣。但叔父、婶母高年在堂,不及奉养,不及瞻别，虽在九原，此心耿耿。望叔父、婶母颐养宽慰，勿以侄为念。吾家累代簪缨，今有侄殉节不为祖宗之辱，此叔父、婶母可以为喜也。已令理孙拨送田十亩，作秋宇府君祭产，少展为孙之意，方伯公墓前望柱，乞叔父成之。吾家祭产多不清理，并望叔父留神。五哥、七弟不及另书，只此致意，侄男临书可胜哽咽。叔父、婶母大人尊前侄男彪佳再拜具。"

写给妻子的绝笔信更是让人动容："自与贤妻结发之后，未尝有一恶语相加，即仰事俯育，莫不和蔼周详。如汝贤淑，真世所罕有也。我不幸值此变故，至于分手，实为痛心。但为臣尽忠，不得不尔。贤妻需万分节哀忍痛，勉自调理，使身体强健，可以区处家事，训诲子孙，不堕祁氏一门，则我虽死犹生矣。一切家务应料理者，已备在于儿子遗嘱中，贤妻必能善体我心，使事事妥当。至其中分拨多寡厚薄，我虽如此说，还听贤妻主张。婢从非得用者，可令辞出。凡事须较前万分省俭，万分朴实，处乱世不得不尔也。贤妻闻我自决，必甚惊扰。虽为我不起，亦是夫则尽忠，妻则尽义，可称双美，然如一家男女绝无依靠何。切须节哀忍痛，乃为善体我心也。世缘有尽，相见不远。临别惓惓，夫彪佳书付贤妻商夫人。"在走到生命的尽头时，想到更多的是劝妻子万分节哀，千万别想不开，孩子们不能同时失去双亲。

当商景兰双手颤抖地捧起丈夫给她的绝笔信时，泪水止不住地顺着眼角流淌下来。在无数遍默念此信之后，突然有一天，商景兰从丈夫的绝笔信中得到某些感悟，终于神情不再黯然，精神不再颓唐，她毅然写下两首著名的五言律诗，顿时成为明代女性诗歌的代表作，同时也开启了女性悼亡诗之先河。

《悼亡》（其一）：君自垂千古，吾犹恋一生。君臣原大节，儿女亦人情。折槛生前事，遗碑死后名。存亡虽异路，贞白本相成。

《悼亡》（其二）：凤凰何处散，琴断楚江声。自古悲荀息，於今吊屈平。皂囊百岁恨，青简一朝名。碧血终难化，长号拟堕城。

从其一可以看出，商景兰完全读懂丈夫给她留下的绝笔信的深意，表达了对丈夫以死成全忠臣名节的敬重，同时说明了自己活着是为了抚育子女，尽管生死殊途，但夫君对国事的忠贞与她自身的清白可以相互衬映，相互成全。这首诗展现了诗人独特的贞洁观和理性的生死观。在其二里，那种对丈夫的敬佩和怀念之情更加喷涌而出，诗人感性的一面淋漓尽致地展露无遗。

商景兰把愁苦和孤寂埋藏心底，把对夫君的深情倾注到整个家族中，一力承担起教养子女的责任。

商景兰有三子四女，长子早逝，故后世多称二子。在教育子女方面，商景兰无疑是非常成功的。两个儿子，长子叫祁理孙。祁理孙敦厚谨慎，十六岁乡试就名列第一，被朝廷任以中书科中书舍人，因父亲自杀殉节对其影响极大，故而未就任，之后，一直闭门读书，成为藏书家。幼子叫祁班孙，因家中排行老六，人称六公子。祁班孙悟性绝伦，文武双全，撰有《自怡堂集》《紫芝轩集》等。四个女儿分别叫祁德渊、祁德玉、祁德琼和祁德茝，个个芝兰玉树，咸工诗词。长女德渊著有《静好集》，三女德琼著有《寄云草》，四女德茝著有《修嫣诗稿》《未焚集》。二子成家后，媳妇张德蕙、朱德蓉，也有幸得到商景兰的教导。渐渐地，祁门中的女性用无限的诗情，点燃了她们对美好生活的希望，掀起了一股女性文学热潮。

眼看一家人逐渐走出失去家中顶梁柱的阴影，寓园正恢复昔日的生机之时，命运又无情地朝孀居十多年的商景兰当头棒喝。康熙元年（公元 1662 年），因受到涉及反清复明的通海案的牵连，祁班孙被流放宁古塔（今黑龙江省牡丹江市海林市长汀镇古城村）。同年，女儿祁德琼亡故。之后，祁班孙逃回家乡，怕连累家人，选择削发为僧，和家族断绝往来，最终在康熙十二年（公元 1673 年）常州马鞍寺圆寂。祁理孙因此事于两年后郁郁而亡。白发人送黑发人的凄凉，让商景兰悲痛欲绝。面对接连不断的沉重打击，商景兰回顾自己一生，感慨地说:“未亡人不幸至此。”

康熙十五年（公元 1676 年），商景兰走完了坎坷的人生之路，享年七十二岁。商景兰一生著有《锦囊集》(又称《香奁集》)，收其诗六十七首、词九十四首、补遗诗三首、遗文一首。

值得一提的是，有人做过一项统计，明朝末年为国殉节的绍兴士大夫人数居全国之冠。在明末清初史学家计六奇的《明季北略》有记载:“先帝升遐，九列中最先自尽者倪文正与公，皆越人。后又得一周文节。二十有一人之中，而绍兴乃三人。其后则刘都宪、祁佥都、余庶子等，不绝书也。盖浙东诸郡中，绍兴士大夫尤以文章节气自负云。”这个祁佥都，正是本篇主人公祁彪佳。

疾风知劲草，乱世显忠良。持节守大义，捐躯报国恩。丹心映日月，浩气贯长天。富贵皆浮云，碎骨照汗青。心有千千结，心思梦难圆。斜阳叹伶仃，孤芳赏明月。含辛抚儿女，操劳不得歇。诗词寄哀思，携手梦同游。生死今有隔，相见永无因。来生若有缘，白首不分离。祈愿社稷安，万民逢盛世。与卿共欢喜，饱览秀江山。

那个坠池的夏夜，清风明月，繁星点点，虫鸣蛙唱，荷香远溢。既然说水泽万物，民众若水，那就让我溶于水、归于水，不枉吾读圣贤书，不枉吾做大明臣。

爱情是尘世最美的风景

透过历史碎片，探寻人间真爱，不论沧海如何变迁，不论世事如何轮回，爱情永远是人类永恒不变的主题，历史永远是复活爱情故事的蓝本。

清代词人纳兰性德在《少年游·算来好景只如斯》中有云："算来好景只如斯，惟许有情知。寻常风月，等闲谈笑，称意即相宜。"告诉世人：只要两情相悦，再寻常不过的风景都算得上好风景。

"十里秦淮水相润，烟雨金陵俏江南。"秦淮河虽然美得不可方物，但比她更美的是发生在秦淮河畔那些凄婉动人的爱情故事。明末清初，侯方域与李香君的爱情故事广为传诵。孔尚任以二人的爱情为主线创作出的传奇剧本《桃花扇》更是蜚声艺苑，成为中国古代戏剧史上的一座里程碑。

明朝末期，朝廷朝政废弛，纲纪崩坏，官场贪腐之风盛行。臣子们结党营私，互相倾轧，形成了党派林立、党争迭起的混乱局面，各种朋党最终集中于东林党与阉党两大政治联盟势力。两股势力针锋相对，水火不容，使得国家机器难以正常运转，严重影响国家政令的有效推行，加速了明王朝的衰败和灭亡。

本来双方势均力敌，但由于东林党内部一个叛徒的出现，让形势变得对阉党集团有利。他投靠阉党集团后，主要精力都放在不择手段地打压东林党人上。他积极参与制造"东林六君子"冤案，协助阉党集团大肆逮捕和迫害东林党人，遭天下人所唾弃。

这个令所有东林党人深恶痛绝的叛徒名叫阮大铖。

阮大铖祖籍是安庆府桐城县（今安徽枞阳县）人，父亲阮以巽是明代文学家，因为阮以巽长兄阮以鼎膝下无子，阮大铖从小就被过继给居住在安庆府怀宁县的伯父阮以鼎做嗣子。早年游学江南时，阮大铖曾拜东林党领袖高攀龙为师，也正是这层关系，他加入了东林党。万历四十四年（公元 1616 年），三十岁的阮大铖高中进士。起初他干了一些闲散的差事，政绩平平，加上无人提携，一直得不到朝廷重用。天启四年（公元 1624 年）春，丁忧故乡许久都得不到朝廷召唤的阮大铖在家中唉声叹气，一封信的突然到来让他犹如久旱逢甘霖，心里顿时乐开了花，信中大意是让他火速进京任吏部都给事中。这是一个官场上人人羡慕的位置，若能在人事监察工作上干出成绩，对其仕途会大有裨益。写信之人是阮大铖的同乡好友左光斗。左光斗是“东林六君子”之一，时任左佥都御史。然而等阮大铖去了才知道，该职位已由工部都给事中魏大中接替，而他被通知去工部报到，顶替魏大中留下的工部都给事中的空缺。此时，东林党人正在谋划一场弹劾魏忠贤的行动，需要魏大中以吏部都给事中的身份冲锋陷阵，所以整个人事调动十分突然，也很缜密，甚至连东林党中坚人物的左光斗也不知情。阮大铖非但不感恩，还怒气冲冲地找左光斗理论，左光斗也很郁闷，但他站在大局上考虑，劝阮大铖把格局放大，把眼光放远，服从新的人事安排。心胸狭窄的阮大铖已被怨恨所吞噬，决定彻底与东林党决裂。为了报复东林党，阮大铖不惜投靠东林党的死敌——魏忠贤为首的阉党。魏忠贤认为此人颇有利用价值，于是很快帮阮大铖争取到了他心心念念的吏部都给事中之位。从此，阮大铖死心塌地地为魏忠贤卖命，积极参与迫害东林党的行动，并向阉党献上自己掌握的东林党人名册，阉党按图索骥地各个击破，最终害死左光斗、魏大中等一批仁人志士，造成无数东林党人无辜被牵连抄家。

不久，这场针对东林党人的迫害之风由京城蔓延至全国，也很快吹到了千里之外的姑苏城。苏州阊门枫桥一户姓吴的人家，因宅院主人系东林党成员，不幸遭到魏忠贤一伙阉党的迫害。尽管他并非东林党骨干，只是官职很低的武官，还是落得个削职为民、家产充公的下场。夫妻俩只得带着三个年幼的孩子四处漂泊，浪迹天涯。流浪到了金陵时，因是代罪之身，实在找不到谋生的门路，夫妻俩忍痛将唯一的女儿卖给秦淮名伎李贞丽收养，从此，这个小女孩与自己的至亲骨肉分离，独自面对陌生而残酷的世界。

这一年，女孩年仅八岁，养母李贞丽将她带至自己开设的风月场所媚香楼，让其改随自己的姓，取名李香，号香君。李香君十三岁时，拜唱曲家苏昆生为师，学习唱曲。秀外慧中的李香君在苏先生的指导下，夜以继日，勤练不怠，逐渐掌握了多种弹唱技法，音律诗词、丝竹琵琶可谓是无一不精。她尤擅南曲，歌声甜润，深得四方游士追慕。随着年龄的增长，小香君很快出落得亭亭玉立，活脱脱一个美人坯子。因李香君身材小巧玲珑，皮肤白皙，聪慧俊俏，被人亲切地昵称为“香扇坠”。

李香君不仅才艺出众，更可贵的是，李香君虽然身处烟花巷柳之地，但始终秉持着一颗善良和纯洁的心。她依稀记得以前父亲常常给她与两个哥哥讲述岳飞、文天祥、于谦等英雄精忠报国的故事，因此，闲暇之余，小香君尤其喜欢阅读各类史籍典册，在书中洞悉是非曲直，明辨善恶忠奸。好在光顾媚香楼的客人多半是些文人雅士和正直忠耿之臣，从这些人的闲聊之中，李香君对东林党人有了诸多了解，清楚了父亲惨遭阉党迫害，也牢牢记住了阮大铖这个间接导致她自幼背井离乡、坠入风尘的奸佞小人。

转眼间，李香君已满十六岁，正是少女怀春、年少慕艾的年纪。李香君不奢望会有哪家英俊潇洒的公子不惜代价带她逃离苦海，甘愿为她赎身并娶她回家，她只盼望此生能遇到一位品行端正、真心爱她的才子，慰藉乱世风尘中那颗疲惫与孤独的心灵。

这个心愿没想到很快就实现了！就在这人生最美的碧玉年华，李香君在媚香楼遇到了自己的意中人，一位名声赫赫、红极一时的大才子——侯方域。

侯方域生于名公贵胄之家，万历四十六年三月（公元 1618 年 4 月）出生，归德府（今河南商丘）人，字朝宗。祖父侯执蒲官居太常卿，其父侯恂为户部尚书，叔父侯恪任南京国子监祭酒，可谓门阀贵显，家世清流。因侯恂是东林党成员，阉党为剪除异己，将侯恂与其父亲、弟弟三人相继罢黜。

少年的侯方域天姿颖悟，勤奋好学，曾拜父亲同僚、文学家、书法家倪元璐为师，诗文与书法都得到了极大的提升。

侯方域十一岁那年，随父来到京师。由于此时的侯恂已是朝中重臣，且久享清誉，德高望重，侯方域小小年纪便经常出入公卿之间，往来士林之中，给人以博闻强识、熟谙典故、精明干练、口吐珠玑、才略过人、胸怀大志的良好印象，美名不知不觉在京城名流中口口相传。清代政治家、诗人宋荦《侯朝宗本传》云："方域既世家子，幼从其父宦京师，习知朝中事，而于君子小人门户始终之故，尤熟悉……傥荡任侠使气，好大言，颇以经济自诩。"

来品读一下少年时期侯方域所赋《早发述怀》其中的一段，足见心怀凌云之志，文章气势恢宏。诗曰："……四国正风尘，结束将何往？纷纷战龙蛇，悄悄骄魍魉。安得延津剑，划然肃清朗。元侯二十四，迹与萧曹仿。仗策荡烽烟，名画麒麟上……"

十五岁那年，侯方域回乡应童子试，接连考上县、府、道三个第一，成为秀才，轰动天下。但这位少年并无得意之情，在他看来，这只是实现宏图大志的第一步，他写下诗作《苍鹰》抒怀："斜日催寒树，苍鹰独野征。飞扬愁岁暮，迟顿为毛轻。自具风霜气，终非燕雀情。

去来须任意，湖海尚孤清。”当时名士蒋鸣玉在侯家做塾师，看到侯方域的诗文，“大惊，以为天才艳发，有不可一世之慨”。于是向所有朋友推荐侯方域的诗文。一时之间，文人名士纷纷为他的文采卓识所倾倒。

十六岁时，在家中长辈的包办下，与比自己大一岁的东平州太守常维翰之女常氏结为夫妇。次年，他代父亲作《屯田奏议》，洋洋万余言，条分缕析，颇有见地，其济世才名逐渐“播誉于公卿间”“天下争结交之”，人们将他与汉代张安世、唐代李德裕等相提并论，他也因此由“侯才子”成为“名公子”。

崇祯十二年（公元1639年）五月，二十一岁的侯方域以南雍学子（即南京国子监生）的身份赴金陵准备参加秋试，他怎么也不会料到，此次赶考之旅竟会邂逅一段凄美的爱情，为十里秦淮增添了一篇千古佳话。

钦天山（即鸡笼山）下的国子监内儒生云集，雅士荟萃。很快，侯方域结识了复社领袖张溥、几社领袖夏允彝等名流，与他们指点江山、臧否人物，成为上流社会交际圈的红人。随后，侯方域顺利加入进步文学团体复社，并迅速成为复社核心骨干。他与方以智、陈贞慧和冒辟疆三位复社才子过从甚密，私交甚好，世人将此四人合称“复社四公子”。

这些才子们大多出身名门，风流倜傥，经常游冶于秦淮河畔，结社唱和于青楼曲院。张溥、陈贞慧听闻侯方域精通音律，便邀他至媚香楼一同欣赏秦淮歌伎李香君弹奏琵琶。

李香君对侯方域仰慕已久，早就被侯方域洒脱豪放的文章所深深吸引，没想到这位文坛声名鹊起的大才子会突然出现在自己面前。侯公子俊朗帅气的脸庞，挺拔俊逸的身姿，更是令李香君芳心荡漾。李香君施礼完毕，随即为侯公子深情弹唱《玉茗堂》《琵琶词》等拿手曲目。侯方域同样对娇美可人的李香君一见倾心，悠扬婉转的歌声早已令侯方域听得如痴如醉，欲罢不能，目光更是片刻不离香君左右，仿佛生怕稍一眨眼，佳人便会从眼前消失得无影无踪似的。临别之时，二人恋恋不舍，互表衷肠，相约他日再聚，方才告别散去。

侯方域与李香君一来二去，交往频频，感情迅速升温，很快到了“一日不见如隔三秋”的程度。

爱情虽然让李香君深感甜蜜，但随着自己梳拢之日的即将到来，香君心里逐渐忐忑不安起来。何谓梳拢？在秦楼楚馆之中，未曾接客的女子都只梳着辫子，之后才可梳髻，因此首次伴宿被俗称梳拢。像李香君这样的名伎，可是需要付一笔丰厚的酬金给鸨母的。虽然李香君心有所属，但若到时侯方域拿不出足够的银两，花落谁家还真不好说。

侯方域家境殷实怎么可能拿不出呢？问题症结在于他是异乡赶考之人，身边没带那么多银两。要解燃眉之急，只有厚着脸皮四处找居住在金陵的朋友去借。这事被一个叫杨友龙的好友知道了，他让侯方域放宽心，这钱他来筹措。杨友龙是赶考落第后流寓于金陵，仅靠一手书画绝学谋生，也不是大富大贵之人，所以，侯方域心里虽然十分感动，但并没往心里去。因为资金缺口太大，时间又急迫，侯方域借款并不顺利。就在梳拢之日前夕，侯方域正一筹莫展之际，杨友龙真的奉上了三百两银子，让侯方域感激涕零，连连道谢。杨友龙摆了摆手，向侯方域坦言，这银子是一个朋友出的，他叫阮大铖，想与侯兄交个朋友，这份妆奁只当为贺礼，不过他提出了一个不情之请：因他与复社有些误会，故想请侯兄帮忙从中调停，希望从此与复社贤达之士化干戈为玉帛。

此时的侯方域已到了急病乱投医的地步，来不及细想就答应下来。正是有了这笔资金做保障，媚香楼为李香君风风光光地举办了梳拢礼。同时，一场梳拢宴办得尤为隆重体面，应邀出席的文人雅士纷纷举杯庆贺，为新人送上最美的祝福。宴会散去，沉浸在幸福喜悦之中的侯方域，意犹未尽，在媚香楼赋诗高歌："夹道朱楼一径斜，王孙初御富平车。清溪尽是辛荑树，不及东风桃李花。"他将此诗亲笔写在扇面上，并将该扇作为定情信物赠予李香君，李香君喜极而泣，将扇珍藏。当晚，侯方域与李香君共度良宵。

等第二天醒来，李香君越想越觉得这突然天降的三百两银子来路蹊跷，逼问侯方域说出原委，侯方域便将实情一五一十地告知了李香君。起初李香君只是带着好奇之心，想记住这位关键时刻出手相助的贵人名字，但当得知此人正是自己厌恶至极的仇人阮大铖时，气得蛾眉倒蹙，杏眼圆睁，情绪激动地埋怨起情郎来。侯方域听罢，如梦初醒，脸颊飘红，觉得自己枉读圣贤书，不该丢失气节，接受奸佞之徒帮助。二人一番商议后，立即变卖首饰，四下筹借银两，没几日工夫就把钱凑足，托杨友龙把三百两银子还给了阮大铖。

阮大铖为何要花这么大的代价请侯方域出面化解他与复社的恩怨呢？这要从阮大铖在朝廷失势说起。崇祯帝登基后，立刻察觉到魏忠贤权势滔天，且已严重危及自己的地位，于是立即对魏忠贤阉党集团进行了清算，依附于阉党的阮大铖仕途也就此终结。为躲避祸事，惶恐不安的阮大铖逃离京师，回到故里。由于张献忠兵乱安庆府地，阮大铖选择流寓金陵。依靠擅长谱曲、编剧和导演的本事，阮大铖开设的戏班在金陵迅速蹿红，他也赚得盆满钵满，一时风光无限。就在侯方域来金陵赴考的前一年，金陵爆发了复社驱除阮大铖的斗争，这就是所谓的"公揭事件"。尽管阮大铖已被削职为民，但他对权力趋之若骛。他不断拉拢金陵名士，妄图通过各种关系为自己翻案复职，引发了复社顾杲、陈贞慧、吴应箕等人的强烈不满。他们征集142名士子署名，发布《留都防乱公揭》，揭发阮大铖逆案之罪。公揭很快传遍金陵城，阮大铖瞬间声名狼藉，从此闭门谢客。他重金收买侯方域的最终目的，就是希望通过侯方域帮他与复社和解来洗白自己的名声。

选中侯方域基于几个方面考虑：一是侯方域的父亲与阮大铖同朝为官且有年谊之交；二是侯方域刚来金陵不久，没有参与公揭事件；三是侯方域已经依靠个人魅力成为复社骨干，有当调停人的威望与实力；四是侯方域急需一大笔钱来为李香君梳拢；五是杨友龙是最佳的说客人选。因为杨友龙与阮大铖沾亲带故，有八拜之交，又与侯方域私交甚密，无话不谈。

原以为能够成功拉拢侯方域，没想到侯方域竟托杨友龙把自己送出去的银子分文不少地退了回来，这让阮大铖颜面尽失，大为恼怒，从此对侯方域和李香君产生万分忌恨。此后，侯方域多次参加复社名士组织的聚会，常带头笑骂阮氏取乐，激化了与阮大铖之间的矛盾，为日后遭阮大铖疯狂报复埋下了祸根。

转眼来到秋试开考之日，侯方域发挥出色，一举中得第三名。但因策文言辞激烈、涉及指责皇帝而被除名。

这年冬天，侯方域手中的盘缠已花得所剩无几，又临近新春佳节，不得不准备踏上回乡之路。李香君在桃叶渡特意置办了一桌酒菜，席间为侯方域弹唱了他最爱听的《琵琶词》。一曲唱罢，侯方域却不见往日之笑容，而是流露出黯然伤感之气色。这次赶考犹如大梦一场，有太多的意外，经历之后发现不过是竹篮打水一场空。面对爱人，心有万般不舍，却没勇气带她离去，只能化为一首诗相赠：“妾守金闺中，君出玉关道。风吹万里云，聚散难长保。朝为春月花，暮为秋日草。荣枯自有时，凋落亦何蚤。”诗中透出侯方域在与佳人分别时心情是如此低落、痛苦与无奈。见接送侯公子的船已经抵达渡口，李香君眼眸噙泪，向公子表露心迹：“公子才名文藻，雅不减中郎（指蔡邕），中郎学不补行，今琵琶所传词固妄，然尝昵董卓，不可掩也。公子豪迈不羁，又失意，此去相见未可期，愿终自爱，无忘妾所歌琵琶词也！妾亦不复歌矣！”侯方域离去后，李香君果真洗去铅华，闭门谢客，苦守金闺，只待良人。

儿子在金陵发生的诸多事情，尤其是与李香君的儿女私情，身为父亲的侯恂毫不知晓。因为早在崇祯九年（公元 1636 年）十一月，侯恂便因得罪薛国观、温体仁等朝中权臣而含冤入狱。直到崇祯十四年（公元 1641 年）夏，侯方域的祖父侯执蒲病故，侯恂才得以出狱回家奔丧守孝。次年春，侯恂又回到京师监狱。六月，闯王李自成的大顺军席卷中原，合兵围攻开封。开封一旦失守，整个中原地区将尽归闯王。此时，明军能仰仗的军队少之又少，手握重兵的左良玉是其中极为重要的力量。那么多年来，精明的左良玉深知“鸟尽弓藏”之理，并未全力清剿，而是拥兵养寇，部队规模迅速扩大。直到有一日，左良玉见自己羽翼丰满，便不受朝廷节制。如今明廷见开封危在旦夕，要想让左良玉为朝廷卖命清剿李自成的大顺军，唯有将其最信任的人，也是他的恩人侯恂特赦，并委以重任，才能实现明军各方协同作战，以抵御潮水般而来的大顺军。为什么侯恂对于左良玉而言如此重要？原来左良玉是侯恂一手提拔上来的，早年跟随侯恂出生入死，在辽东与清军奋勇作战，逐步成名。二人关系情同父子，非比寻常。事已至此，崇祯帝已无更好的选择，只能重新启用侯恂，任命其为兵部右侍郎兼右佥都御史，代替丁启睿总督保定等七镇军务，以解开封之围。侯方域闻讯后，赶赴军营相助父亲一臂之力。然而，侯恂并未为儿子的到来感到高兴。他依据多年的军事经验，深思熟虑后制定的用兵方略并未获得朝廷支持，明廷只是一味地催促他速与李自成决战，战局正往不利的方向发展。侯恂心中不祥的预感与日俱增，终于有一天忍不住命侯方域火速离开军营。由于归德已被大顺军攻破，侯方域只能去往金陵。

果然不出侯恂所料，左良玉经过朱仙镇（今河南开封西南）一战，元气大伤，节节败退。且战且退的左良玉虽然手上仍有一定兵力，但自知精锐丧失，无心恋战，只求自保。朝廷见左良玉部队已无斗志，开封亦丢失，也就不再善待侯恂，可怜的侯恂因按兵不动之罪再次遭人陷害入狱。

由于孙传庭部正与李自成的大顺军展开决战，吴三桂部与清军陷入苦战，没有战事的左良玉乘机大肆募兵，由于不论老少青壮皆可从军，其部队人数扩大至八十万之众。崇祯十六年（公元 1643 年）春，因军中粮饷不足，驻军武昌的左良玉意欲率军南下金陵“借粮”。金陵城内人心惶惶，南京兵部尚书熊明遇请侯方域代父亲侯恂致信给左良玉，劝阻左良玉切莫率军进驻金陵。侯方域欣然领命，挥笔疾书。左良玉不知侯恂已经入狱，见信后不敢违背侯恂之意，放弃移师金陵的计划。阮大铖认为此事可以利用，一场陷害侯方域的阴谋悄然在他脑中酝酿。

同年七月，熊明遇因替同僚辩护惹怒皇帝而被罢免回籍，南京兵部尚书一职由史可法接任。阮大铖见时机成熟，便以侯方域写信给左良玉的那封书信为由借题发挥，造谣生事，诬陷侯方域是左良玉的内应，朝廷迅速下令抓捕侯方域。幸好杨友龙暗中通风报信，侯方域闻讯逃离金陵。

临行前，侯方域曾给阮大铖捎去一封信——《癸未去金陵日与阮光禄书》，信中痛骂阮大铖阴险恶毒，并预言他得志后必定害人。阮大铖读罢此信，气得暴跳如雷，青筋暴起，怎奈侯方域早已消失得无影无踪，只能另择机会对其下手。

崇祯十七年（公元 1644 年）三月，随着闯王李自成的大顺军攻陷北京，紫禁城内外战火纷飞，乱作一团，崇祯帝自缢于煤山，明王朝顷刻间覆灭。好在侯恂被大顺军释放出狱，谢绝为官，回乡隐居。明宗室在陪都金陵仓促建立了弘光小朝廷，善于钻营的阮大铖在内阁首辅、至交马士英的帮助下被予以重用，一跃成为兵部尚书兼东阁大学士。

这位新官上任的兵部尚书并未把心思花在护国保民上，而是向东林、复社人士展开疯狂报复行动。预感到大祸临头的侯家人纷纷各自躲避，侯恂悄悄逃往了徽州，侯方域则隐匿于江南一带，过着居无定所、东躲西藏的日子。侯方域有几次差点被阮大铖手下人抓到，幸好均因友人暗中相助，而化险为夷。直到阮大铖最后得知侯方域确切行踪时，侯方域竟神不知鬼不觉地出现在了正在扬州领兵的自己政敌史可法帐下。

一日抓不到侯家父子，阮大铖就一日如鲠在喉，怒火攻心。既然一时抓不到侯恂、侯方域二人，那就把仇都算在侯方域的心上人李香君头上。他命人逼迫李香君嫁给弘光帝宠臣田仰，李香君誓死不从，田仰手下人正欲动手抢人，李香君将头撞破，血溅宫扇，才迫使阮大铖、田仰一干人罢手。一旁的杨友龙见李香君保贞守志，颇为感慨，他拾起李香君掉落在地的扇子，就着血迹，画出了朵朵桃花，桃花扇由此得名。

阮大铖怎肯善罢甘休，轻易放过李香君？李香君伤愈后，阮大铖假借上谕，强行将李香君抓入宫中当歌姬。入宫后，李香君因为冷颜示人，拒不配合，故而遭到软禁，受尽苦难。

尽管身陷囹圄，身死未卜，但李香君始终牵挂着侯公子，兀自坚守着道义与忠贞。在进宫之前，她生怕此生再也见不到情郎，托师父苏昆生将桃花扇带给侯方域。同时，带去的还有一封书信、一件香囊、一块玉玦和一枚金钿。信中交代了这些物件的寓意，表明忠贞之志坚定不移，令人唏嘘，更令人敬佩："桃花艳褪，血痕岂化胭脂？豆蔻香销，手泽尚含兰麝。妾之志固如玉玦，未卜公子之志，能似金钿否也？"

只可惜这段时间，侯方域正不遗余力地投身抗清斗争，四处奔波，居无定所，苏昆生没能找到侯方域。那时，史可法命侯方域担任兴平军监纪推官及参将，正跟随高杰部队移师河南，准备北征。高杰原是闯王手下悍将，后归降南明，史可法多少对他有些不太信任。当时，弘光小朝廷在长江以北设置四大军事重镇构架起拱卫南明帝都的防御体系，因而被称为"江北四镇"。高杰因军队实力最强，居四镇之首。如果此次北伐成功（实际上是南明唯一一次北伐），也许弘光小朝廷能够存活得更久一些。关键时刻，史可法对毫无作战经验的侯方域委以重任，派他随军出征，足见史公对侯方域的器重。但令史可法万万没想到的是，高杰的到来，令本已酝酿降清的河南总兵许定国不得不提前采取行动，最终施计将高杰诱杀。高杰的死，很大一部分原因是其刚愎自用、性气乖张的性格所致。他不听侯方域"以和为贵"的劝说，明知与许定国素有矛盾，还当其面颇有微词，同时轻视许定国没胆量敢对自己动手，且不做任何必要的防备。高杰的被杀，导致江北四镇最强一镇分崩离析，敲响了弘光小朝廷覆灭的丧钟。见大势已去，侯方域无奈返回故里。不久，归德府被清军占领。侯方域南下宜兴，借住于陈贞慧家中。可就在弘兴元年（公元 1645 年）一月，阮大铖手下在对宜兴亳村陈贞慧家进行搜捕时意外抓到了侯方域，随即将其押往金陵，投入大牢。

此时已是多事之秋的金陵城，突然冒出来一个少年，自称是“太子朱慈烺”（崇祯帝长子）逃难而来，弘光小朝廷当然不予认可，将其下狱，这便是历史上的“北来太子”案。就在侯方域入狱这年的三月，左良玉借“北来太子”案，以清君侧为名（主要针对马士英和阮大铖），从武昌起兵，直逼金陵。大军一路进展得并不顺利，行至九江，戏剧性的一幕发生了：左良玉突然暴毙，其子左梦庚继续东下，被南明名将黄得功击败，退守九江不久率部降清。此时，弘光小朝廷已是危如累卵，无暇继续迫害东林、复社人士。四月，侯方域被释放出狱。出狱后，侯方域义无反顾地前往扬州投奔史可法，希望与史公一同死守扬州城。史可法自知无力回天，不忍侯方域白白送死，催促侯方域赶紧离开扬州。清军破城后史可法拒绝投降，慷慨就义。五月，清军攻占金陵，弘光帝、马士英、阮大铖逃亡，李香君趁乱逃出宫门。六月，侯方域奔赴海陵（今泰州）投军，清军破城后，作诗《海陵署中》，记录下海陵城内满目疮痍、残垣断壁的凄惨景象。由于实在投军无路，侯方域再一次回到故乡。与此同时，李香君得知昔日秦淮姐妹卞玉京在栖霞山葆真庵出家为尼，于是在苏昆生的帮助下上山投奔。

待到局势相对平静，苏昆生终于在归德府找到了侯方域，告知侯方域李香君的近况后，将之前李香君托自己转交的信笺、宫扇等物件一一放在侯方域面前。侯方域随即跟随苏昆生来到栖霞山葆真庵。故事到此，民间流传出了多个版本，在此只讲述为大众普遍所接受的较有影响的两个版本。

第一个版本很简单，讲的是李香君因身患重病，没能等到见侯方域最后一面便带着遗憾香消玉殒。

第二个版本比较曲折动人。讲的是侯方域与李香君了却了相思之苦，终于如愿相逢。二人再也不愿分开，侯方域将李香君带回故乡。为避免歌伎身份暴露，李香君改回原来的吴姓，终于以妾室的身份住进西园翡翠楼。在这里，她与公婆和睦相处；与侯方域原配夫人常氏相敬如宾，以姐妹相称；与侯方域鱼水情深，琴瑟和谐。从 1645 年到 1652 年这八年时间里，李香君生活得平安、舒适，也可以说是她一生中最为幸福美满的时期。

清顺治八年（公元 1651 年）春，有降清的明朝官员向朝廷举荐侯恂，侯恂坚决不出山。河南巡抚吴景道点名要求其子侯方域必须参加乡试。为了保全父亲，侯方域万般无奈下迈进了河南乡试的考场大门。侯方域打定主意，完成一半考题就交卷，通过这种方式进行抵抗。但放榜时，他还是列入副榜而通过考试。陈寅恪先生这样写道："朝宗欲保全其父，勉应乡试，仅中副榜，实出于不得已。"

清顺治九年（公元 1652 年），侯方域修建壮悔堂。侯方域后悔没有像方以智遁入空门，没能像陈贞慧老死家乡当遗民，也没有像冒辟疆一生拒绝清朝的征召。一位清朝诗人这样嘲讽他："两朝应举侯公子，忍对桃花说李香。"侯方域闭门谢客，潜心完成了《壮悔堂文集》《四忆堂诗集》，文集中表达了对自己违心参加清朝乡试的深深悔恨。

之后，侯方域打算去金陵探访故人，捡拾当年记忆，同时有意帮李香君寻找亲人。可恰恰在侯方域探游金陵期间，李香君昔日秦淮歌伎身份被暴露。公公侯恂知道后，怒不可遏，大发雷霆，当即责令李香君滚出翡翠楼，后经家人讲情，才心不甘情不愿地让她住到离城十五里的侯氏柴草园——打鸡园。那里是一个前不着村，后不着店的荒凉村落。当侯方域的母亲和夫人得知李香君已身怀有孕，二人一再向侯恂求情，侯恂才勉强答应派一个小丫头去那里服侍。

侯方域从金陵回到归德之后，发现李香君被赶到城郊打鸡园，心如刀绞，悲愤至极。他多次在父亲面前长跪认错，替李香君辩解，说明她卖艺不卖身，请求父亲收回成命，但最终遭到的还是无情的训斥。

清顺治十年（公元 1653 年）春，李香君在打鸡园生下一个儿子，但因为自己身份低贱，孩子不能随侯方域姓侯，只能随自己姓李。孩子生下不到几个月，李香君便在郁闷绝望中含恨离开了人间，终年三十岁。坟墓埋在村东头。侯方域在痛苦与内疚中，为李香君立碑撰联。墓前树碑，碑上撰联："卿含恨而死，夫惭愧终生。"

碑前摆一石桌，桌前立一圆形石墩，上面镌刻着"愧石墩"三个大字。侯方域生前常去凭吊，每次他都呆坐在愧石墩上，对着石碑默默倾诉，久久不忍离去。

在李香君去世仅一年后，也就是 1654 年 12 月 13 日，年仅三十六岁的侯方域因悲愤国事和思念李香君，不幸染病而亡。五年后，侯恂怀着对先后亡故的五个儿子深深思念，郁郁而终。侯方域死后四十余年，他与李香君的爱情故事被孔尚任写入《桃花扇》，与洪昇的《长生殿》共同代表了中国古代历史剧作的最高成就。由于《桃花扇》太过深入人心，史实和戏说几乎融为一体，笔者也很难做到去伪存真。有不少学者坚持认为，侯方域并未把李香君视为真爱，两人相识相恋时间不长，桃叶渡一别后两人便没有再度相逢，清军攻入金陵后李香君下落成为历史谜案，《桃花扇》中讲述的两人相爱的细节没有有力的佐证支撑，纯属出自孔尚任个人想象。笔者不敢妄加点评，只是觉得两人在历史上确有其人，从李香君的性格以及各种历史人物对她的评价来看，李香君的确是一位对待感情忠贞的女子。至于怎么看待侯方域，从戏曲人物刻画上分析，孔尚任笔下男主侯方域的形象是正面的。我想作为孔子后裔，孔尚任应该不会自毁声誉，为了追求艺术效果而颠倒黑白。所以，笔者有理由相信他们的确是一对乱世下的有情人，两人的情感纠葛并非完全空穴来风，其中必有真的情、真的爱。只要有一丝真，那爱就有希望；只要有一半真，那爱就很伟大。透过历史碎片，探寻人间真爱，不论沧海如何变迁，不论世事如何轮回，爱情永远是人类永恒不变的主题，历史永远是复活爱情故事的蓝本。

艺术来源于生活，脱离生活的艺术之美是没有生命力的。林徽因说过："我们今天所叫作生活的，过后它便是历史。"历史赋予我们那么多生动的爱情故事，是让我们相信爱情的力量、温度和奇迹都是真实存在的。元好问说："海枯石烂情缘在，幽恨不埋黄土。"告诉我们，殉情的男女之"幽恨"不是"黄土"所能埋藏得掉的，所以人们有理由相信情缘永存，爱情不灭！

十二对良缘如同十二首情歌，尽管歌词不同，曲调各异，但讴歌的都是人世间最美的情感。希望通过本书，能感悟爱情之美、生命之美、才华之美，相信这种美会不期降临在每个人的身上，请珍惜良缘，善待生活，绽放才华！